Barbara Kalk

Knaurs Bastelbuch für kleine Künstler

Knaur

Barbara Kalk

Knaurs Bastelbuch für kleine Künstler

Basteln, Malen, Drucken
für Kinder ab 3 Jahren

Inhalt

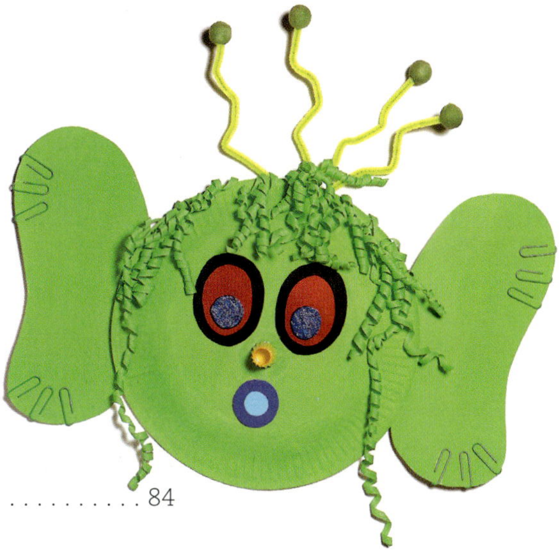

Material sammeln – lustige Tiere basteln

Knüllen und Kleistern

Gleich geht's los Reise ins Land der Fantasie

Komm' mit auf Entdeckungsreise ins Land der Fantasie, dem Geheimtip unter den Reisezielen für kleine Künstler! Du bist ja schon groß, also kannst du ganz alleine dorthin reisen. Vielleicht möchtest du aber auch deinen besten Freund oder deine allerbeste Freundin mitnehmen. Gemeinsam verreisen macht Spaß. Und viel zu erzählen und zu lachen gibt's bestimmt.

Sieh' mal an

Auf deiner Reise gibt es vieles zu entdecken. Unterwegs wirst du Außerirdischen begegnen und Langohr und Mümmelmann treffen. Yippi-yeah, natürlich reitest du auch kurz bei Indianern vorbei. Ein kleiner Abstecher führt dich ins Kastanienland, wo dich Olga Igel und Rudi Raupe begrüßen. Zwischendurch bist du zu Gast bei einer Vogelhochzeit, und bei Familie Hatschi triffst du pünktlich zur Geisterstunde ein. Wenn du im Buch blätterst, wirst du noch viele Sehenswürdigkeiten und interessante Reiseziele entdecken.

Reiseandenken gibt's auch

Auf deiner Reise erfährst du, wie man mit dem Kamm oder mit Klebstoff malen kann und wie der Tropfentrick funktioniert. Du weißt anschließend, wie du einer Küchenrolle Töne entlocken kannst und wie man Pflanzen selbst zieht. Lass' dich überraschen, wie einfach Drucken mit Kartoffeln, Blättern, Fingern und sogar mit der ganzen Hand geht. Ganz nebenbei kannst du dir ein Glückspüppchen schnitzen, einen Schneemann töpfern oder kleine Holzmäuse werken. Du kannst auch mal mit Mutters Erlaubnis den Haushaltsschrank durchforsten. Dann findest du vielleicht Küchenschwämme, aus denen sich tolle Tiere basteln lassen. Später kannst du die Tiere wieder auseinander nehmen und die Schwämme werden wieder echte Küchenschwämme. Und wenn du dann immer noch nicht müde bist, kannst du dir anschauen, wie Schmetterlinge und Weihnachtsmänner aus Papier gefaltet werden. Wenn du nicht falten willst, kannst du das Papier knüllen und mit Leim verkleistern. Lass' dich überraschen, was dabei alles Schönes rauskommt. Neugierig geworden? Gut, dann kann's ja losgehen.

Wichtige Reisevorbereitungen

Bevor du mit dem Malen, Drucken und Basteln beginnst, denke bitte daran, dass ein Malkittel deine Kleidung und Zeitungspapier, Folie oder ein Wachstuch deine Arbeitsfläche vor Verschmutzung – und dich vor Ärger mit deinen Eltern – schützen kann. Und noch eins. Du weißt doch schon, wie Menschen und Tiere gemalt werden, und Fantasie hast du auch.

Deshalb gibt es in diesem Buch kaum Vorlagen. Schneller geht's ohne, und schöner wird es auch. So wird jede Bastelarbeit ein ganz persönliches Einzelstück, das alle bewundern werden.

Jetzt geht's wirklich los. Viel Spaß!

So überträgst du die Vorlagen

Obwohl es viel schöner ist, wenn du deine Figuren und Formen ohne Vorlagen machst, gibt es doch einige wenige, wo du einmal Hilfe bekommst, um schnell arbeiten zu können. Kann ja sein, dass du mal ganz, ganz schnell ein Geschenk machen willst. Die Vorlagen findest du am Ende des Buches. Hier siehst du, wie du Vorlagen am einfachsten übertragen kannst. Du brauchst zum Übertragen Transparentpapier (Butterbrot- oder Architektenpapier).

Bei einer anderen Methode, die hier nicht im Bild gezeigt wird, brauchst du blaues oder schwarzes Pauspapier. Das Pauspapier wird unter die Vorlage und direkt auf dein Material gelegt. Wenn du die Linien auf der Vorlage nachziehst, werden sie direkt auf das Material übertragen.

So geht es mit Transparentpapier.

① Lege Transparentpapier auf das von dir ausgesuchte Motiv im Vorlagenbogen. Zeichne alle Konturen mit einem Bleistift nach.

② Schneide die Figur aus dem Transparentpapier aus. Lege die so entstandene Schablone dort auf, wohin du dein Motiv haben möchtest, und zeichne die Umrisse nach.

Malen, Sammeln, Drucken

Eins, zwei, drei – Zauberei

Wachskratzbilder malen ist ein bißchen wie zaubern: Erst sind sie kunterbunt, dann rabenschwarz und … Simsalabim … schon sind sie fertig. Die »zauberhaftesten« Bilder erhalten bestimmt einen Ehrenplatz in eurer Wohnung. Bastelanleitungen für Bilderrahmen findest du auf Seite 98.

Du brauchst

- Zeichenpapier
- Wachsmalstifte
- Schaber

So wird's gemacht

Bemale die ganze Seite des Zeichenpapiers dick mit Wachsmalstiften in verschiedenen Farben. Übermale die gesamte Fläche mit einem schwarzen Wachsmalstift.

Kratze das Motiv mit dem Schaber aus der schwarzen Fläche.

Tipp

Beginne mit kleinen Papierformaten, zum Beispiel mit Notizpapier aus der Zettelbox.

WACHSMALSTIFT
STOCKMAR
STOCKMAR
DICKI

Kunterbunter Malspaß

Schablonendurchrieb ist so kinderleicht, dass auch die Erwachsenen begeistert mitmachen werden. Die Schablonen sind im Nu gemacht. Und schon kann's losgehen.

Du brauchst

- 2 Bogen Papier in Weiß
- (Verpackungs-)Karton
- Bleistift
- Bastelschere
- Bastelkleber
- Wachsmalstifte

So geht's auch

Du kannst auch Blätter, Münzen, Federn und vieles andere mehr als Schablone verwenden. Statt Wachsmalstiften benutzt du hierfür besser Buntstifte.

So wird's gemacht

Male ein Schablonenmotiv auf Karton und schneide es aus. Für einen Namenszug schneidest du die Buchstaben aus und klebst sie auf Karton.

Auf den ersten Bogen Papier legst du die Schablone. Den zweiten Papierbogen legst du darüber.

Male mit Wachsmalstiften über das obere Blatt, bis die Schablonenfigur oder die Buchstaben vollständig sichtbar sind. Führe dabei den Stift vom Körper weg.

JENNY
JENNY
TOM
TOM

Regen-bogenbunt

Transparent und leuchtend sind die Wachsbügelbatik-Bilder. Durch unterschiedlichen Farbauftrag entsteht jedes Mal ein anderes, schönes Schmuckpapier.

Du brauchst

- 2 Bogen Architektenpapier
- Wachsmalstifte
- Zeitungspapier
- Bügeleisen

So wird's gemacht

Bemale die gesamte Fläche des Architektenpapiers möglichst gleichmäßig dick mit Wachsmalstiften in verschiedenen Farben.

Auf das bemalte Papier drückst du einen unbemalten Bogen und legst die beiden Bogen zwischen Zeitungspapier. Mit dem Bügeleisen (Temperatureinstellung Baumwolle) gleitest du über die Zeitung. Durch die Wärme schmilzt das Wachs, und die Farben fließen ineinander.

Sofort nach dem Bügeln ziehst du die beiden Papiere schnell auseinander. Dadurch ergeben sich interessante Farbabrissspuren.

Achtung!

Das Bügeleisen nur benutzen, wenn ein Erwachsener aufpasst!

Tropfentrick

Jetzt wird's spannend! Bei dieser Maltechnik verändert sich das Bild bei jedem Arbeitsschritt. Erst ganz zum Schluss wird das Geheimnis gelüftet.

Du brauchst

- ✘ weißes Papier
- ✘ weiße Kerzenreste
- ✘ Wasserfarben
- ✘ Pinsel
- ✘ Zeitungspapier
- ✘ Bügeleisen

So wird's gemacht

Tropfe Kerzenwachs an verschiedenen Stellen auf das Papier. Die Wachstropfen lässt du kurz erkalten.

Bemale das Papier mit einer hellen Wasserfarbe und lasse die Farbe gut trocknen.

Die beiden Vorgänge (Wachs auftropfen, anschließend übermalen und Farbe gut trocknen lassen) wiederholst du vier- bis fünfmal. Bei jeder neuen Farbschicht wählst du einen dunkleren Farbton.

Wenn alles gut getrocknet ist, legst du das Bild zwischen Zeitungspapierlagen und bügelst das Wachs heraus. Damit alles Wachs aufgenommen wird, musst du das Zeitungspapier ein paarmal auswechseln.
Plötzlich siehst du lauter bunte Tupfen in den Farben, die du zuvor beim Übermalen verwendet hast. Das Wachs hat die Farbaufnahme an den betropften Stellen verhindert. Das ist der Trick.

Achtung!

Brennende Kerzen sind kein Spielzeug. Verwende sie nur dann, wenn ein Erwachsener aufpasst.

Mal was ganz anderes

Wer sagt eigentlich, dass man mit Klebstoff nur kleben kann? Bei diesen Bildern wird flüssiger Kleber als effektvolles Konturenmittel eingesetzt. Du brauchst etwas Geduld, denn der Klebstoff muss einige Zeit trocknen.

Du brauchst

- Zeichenpapier
- Alleskleber
- wasserfeste Wachsmalstifte
- geöffnete Tintenpatrone (aus dem Füller nehmen)
- 2 alte, weiche Tücher

So wird's gemacht

Male mit Klebstoff dein Motiv ohne Vorzeichnung (!) auf das Papier. Eine Bleistiftlinie würdest du später unter dem Klebstoff sehen. Klebstoff trocknen lassen.

Wenn der Klebstoff völlig trocken ist, malst du das Innere des Motivs mit Wachsmalstiften aus.

Beträufle eines der beiden Tücher mit Tinte aus der Patrone und bestreiche damit die gesamte Fläche des Bildes.

Poliere mit einem sauberen Tuch die Wachsreste von den Klebstofflinien.

UHU
ALLE

Es war einmal ein Farbklecks

... der wünschte sich so sehr, wunder-wunderschön auszusehen. Zum Glück kam gerade ein Kind vorbei und hörte den Wunsch. Zufällig hatte es einen Strohhalm dabei. Damit pustete es mitten in den Klecks.
Da verwandelte sich der Farbklecks in eine herrliche Fantasiefigur. Jedesmal, wenn das Kind pustete, veränderte sich der Klecks und wurde schöner und schöner. Von dem Tag an wollten alle Farbkleckse so aussehen. Wenn du einem begegnen solltest, hast du hoffentlich auch ein Röhrchen zur Hand.

Du brauchst

- Zeichenpapier
- Wasserfarbe
- Pinsel
- Trinkhalm

So wird's gemacht

Kleckse mit einem gut angefeuchteten Pinsel Wasserfarbe auf das Zeichenpapier.

Halte das Ende des Trinkhalms an die Farbe und puste vorsichtig hinein. Schon rollt die Farbe über das Blatt und es entstehen fantasievolle Muster.

Mal was Spritziges

Mit Farbe, Sieb und einer Zahnbürste kannst du die schönsten Sprenkelmuster spritzen. Du kannst dir eigene Motivschablonen ausschneiden, oder du legst verschiedene Gegenstände auf das Papier. Probiere aus, was dir am besten gefällt.

Du brauchst

- ✘ Ton- oder Zeichenpapier
- ✘ Wasserfarbe
- ✘ Zahnbürste
- ✘ Spritzsieb
- ✘ Karton
- ✘ evtl. Gräser, Knöpfe, Eislöffel usw.

So wird's gemacht

Lege die ausgeschnittenen Motivschablonen oder verschiedene Gegenstände auf das Papier.

Mit einer gut angefeuchteten Zahnbürste nimmst du Farbe auf. Streiche die Zahnbürste vorsichtig (!) über das Sieb und spritze so die Farbe auf das Zeichenblatt. Erst wenn die Farbe getrocknet ist, nimmst du Schablonen oder Gegenstände vom Papier.

Tipp

Dickere Farbe ergibt kleinere Farbpunkte, flüssigere Farbe ergibt größere Punkte.

Malen mit dem Kamm

Magst du Experimente? Dann ist diese Technik genau das Richtige für dich. Du kannst mit einem Kamm Wellen oder Streifen in das Papier ziehen oder beobachten, welche neuen Farben beim Mischen entstehen. Nimmst du verschiedene Kämme, ergeben sich schon dadurch unterschiedliche Linienmuster.

Du brauchst

- Ton- oder Zeichenpapier
- Tapetenkleister
- Plastikschalen (z.B. leere Margarinebecher)
- Fingerfarben
- verschiedene Kämme

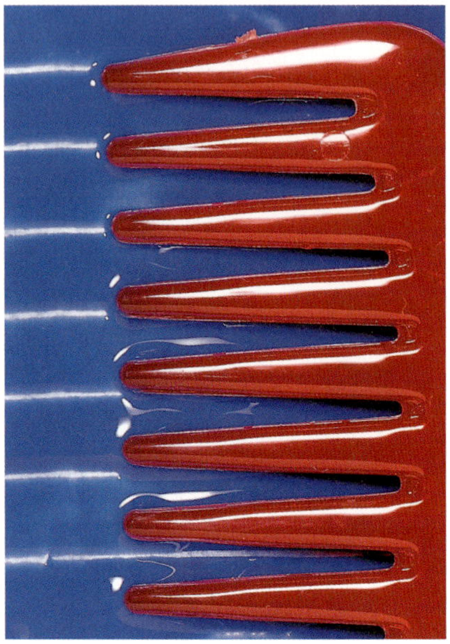

So wird's gemacht

Tapetenkleister nach Anleitung anrühren. Der fertige Kleister sollte dickflüssig sein. Ist er zu dünn, rührst du noch etwas Kleisterpulver ein.

Fülle kleine Mengen Kleister in Schalen. Rühre in jede Schale eine andere Fingerfarbe ein.

Bestreiche das Zeichenpapier vollständig mit Kleisterfarbe. Du kannst nur eine oder gleich mehrere Farben verwenden. Wenn die Farbe etwas angetrocknet ist, ziehst du mit dem Kamm verschiedene Linien in das Kleisterpapier. Dabei vermischen sich die Farben und es entstehen interessante Muster. Anschließend alles gut trocknen lassen.

Spaß, Spannung und eine Überraschung

... willst du? Hey, das sind ja drei Wünsche auf einmal, Okay. Nichts leichter als das. Spaß macht's, die Farbe aufs Papier zu spritzen. Spannend ist's, wenn das Blatt noch zusammengefaltet ist. Und die Überraschung ist jedesmal riesengroß, wenn du das »Spiegelbild« auseinanderfaltest.

Du brauchst

- Zeichenpapier
- Bastelfarbe

So wird's gemacht

Falte das Zeichenpapier in der Mitte. Klappe es wieder auseinander. Spritze Farbe in den Papierfalz und auf eine Papierseite.

Klappe das Zeichenpapier zusammen und streiche vom Papierknick aus leicht über das Papier.

Falte das Papier auseinander. Was siehst du auf deinem Bild?

Was soll ich malen?

Papier hast du, Farben auch. Das einzige, was mal wieder fehlt, ist eine Idee für ein schönes Bild? Kein Problem. Schau dir die Bilder dieser Ausstellung in aller Ruhe an. Und ehe du dich versiehst, sprudeln Ideen über Ideen für die allerschönsten Bilder.

Märchen und Geschichten

Bestimmt hast du auch ein Lieblingsbuch, das man dir gar nicht oft genug vorlesen kann. »Märchentante« oder »Geschichtenonkel« freuen sich bestimmt, wenn du sie mit einem Bild zum Buch überraschst.

Schöne Ferien!

Warum?? Weil ..... na, wegen der Leuchttürme und Windmühlen. Weil es Spaß macht, den ganzen Tag im Sand zu buddeln, und weil die Rieseneistüte sooo lecker geschmeckt hat. Fällt dir noch mehr ein?

Was gibt's zu feiern?

Deinen Geburtstag. Na klar. Und Fasching. Vielleicht eine Hochzeit. Advent. Nikolaustag. Silvester mit Feuerwerk. Nun rate mal, welche Feste ich glatt vergessen habe!

Ein schöner Tag

Die Sonne lacht. Kein Regen, kein Blitz und Donner – nur gute Laune. Vielleicht etwas Wind. Wenn das kein Wetter zum Drachensteigen ist. Und was machst du am liebsten im Winter, im Frühling oder im Sommer?

Aufregung im Kastanienland

Quak. Die Ente hat's zuerst gehört und gleich überall herumerzählt. »Ein richtiger Fotograf kommt ins Kastanienland. Er will von uns allen ein Foto machen für ein Bastelbuch. Dann werden uns viele Kinder sehen, die gerne Kastanienfiguren basteln. Quak, quak.«
Schwuppdiwupp. Schon sind alle da und haben sich in Position gestellt. Nur Freddy Kraftprotz, der Angeber, hat es etwas übertrieben. Aber er wollte euch unbedingt seine vielen Muskeln zeigen.

Du brauchst

- Kastanien
- Eicheln
- Ahornfrüchte
- Streichhölzer
- Biegeplüsch
- Kinderknete
- Wollrest
- Kordel
- Dosenmilchöffner
- Bastelschere
- Seitenschneider (zum Schneiden von Biegeplüsch)
- Bastelkleber

So wird's gemacht

Eduard Hase

(Abb. links unten)

Bohre mit dem Dosenmilchöffner in Kopf und Körper ein Loch und verbinde die Teile mit einem Streichholzstück. Steche zwei Löcher für die Ohren und stecke Ahornfrüchte hinein. Augen und Nase formst du aus Kinderknete. Die Schnurrhaare schneidest du aus Eichelstielen und drückst sie mit der Knetnase aufs Gesicht.

Olga Igel

Bohre in eine Kastanie mehrere Löcher. Schneide »Streichholzstacheln« und stecke sie hinein. Augen und Nase formst du aus Knete.

Hanna Schnatter, die Ente

Kopf und Körper verbindest du mit einem Streichholzstück. Für die Augen bohrst du je ein Loch. Füße und Schnabel formst du aus Knete.

Toni und Berta Knabber-Maus

Bohre in eine Kastanie Löcher für Schwanz und Augen. Nase und Ohren formst du aus Knete. Schneide einen Biegeplüsch-Schwanz und stecke ihn in das Hinterteil.

Isabell Stelzenbein

(Abb. unten)

Bohre in eine Kastanie Löcher für Beine, Schwanz und Hals. In eine weitere bohrst du Löcher für Halsverbindung und Augen. Steche in eine Eichel oben und unten ein Loch und verbinde

Kopf und Körper mit Streichholzstücken. Für die Beine brichst du von Streichhölzern den Kopf ab und steckst sie in die vorgesehenen Löcher. Nase und Ohren formst du aus Knete. Für den Schwanz nimmst du ein Stück Kordel.

Rudi Raupe

Bohre in zwei Kastanien jeweils vorn und hinten ein Loch. In die Kastanien für Kopf und Hinterteil bohrst du je ein Loch. Verbinde die Teile mit Streichholzstücken. Steche Löcher für die Beine. Schneide Biegeplüsch-Beine und stecke sie hinein. Bohre Löcher für Fühler und Augen. Schneide Biegeplüsch-Fühler, rolle sie vorne etwas ein und stecke sie in die Löcher. Das Maul formst du aus Knete.

Ulli Strubbel (Abb. oben)

Bohre in eine Kastanie Löcher für Arme und Hals. In die Kastanie für den Kopf bohrst du nur ein Loch. Verbinde Kopf und Körper mit einem Streichholzstück. Für die Arme stichst du in die Eicheln oben und unten je ein Loch und verbindest Körper und Arme mit Streichholzstücken. Für die Pfeife bohrst du ein Loch in das Gesicht und steckst den Eichelstiel hinein. Augen, Nase und Mund formst du aus Knete. Schneide ein paar »Wollhaare« und fixiere sie mit Klebstoff.

Pedro Kuschelfuß
(Abb. oben)

Bohre in eine Kastanie Löcher für Beine, Schwanz und Hals. In eine andere bohrst du Löcher für Augen und Halsverbindung. Steche in eine Eichel oben und unten ein Loch und verbinde Kopf und Körper mit Streichholzstücken. Schneide vier Biegeplüsch-Beine, rolle sie vorn etwas ein und stecke sie in die vorgesehenen Löcher. Schneide Biegeplüschstücke für die Ohren, stecke sie in die Löcher und biege sie oval in Ohrenform. Schneide ein Biegeplüsch-Schwänzchen und stecke es ein. Das Maul formst du aus Knete.

Freddy Kraftprotz
(Abb. unten)

Bohre in eine Kastanie Löcher für Beine, Arme und Hals. In eine andere bohrst du Löcher für Ohren, Augen und Hals. Kopf und Körper verbindest du mit einem Streichholzstück. Schneide Biegeplüschstücke für Arme, Beine und Ohren und stecke sie in die vorgesehenen Löcher. Für die Schuhe bohrst du in zwei kleine Kastanien je ein Loch und steckst sie auf die Biegeplüschbeine. Nase und Mund werden aus Knete geformt.

Schmucke Steine

Was wäre eine Steinsammlung ohne ein paar ganz ausgefallene und wertvolle Stücke? Mit Pinsel, Farbe und Fantasie entstehen im Nu »Steintiere«, »Steinobst« und andere Schmucksteine.

Du brauchst

- Steine
- Bastelfarben
- Klarlack
- Pinsel

So wird's gemacht

Bemale deine Fundstücke nach deinen Vorstellungen mit Bastelfarbe. Wenn sie getrocknet sind, fixierst du die Farbe mit Klarlack.

Geschenk-Tipp

Solche Steine eignen sich bestens als Briefbeschwerer.

Der Herbst ist da

Hast du schon einmal beobachtet, wie lustig die Blätter im Herbstwind tanzen? Oder stapfst du lieber ausgelassen durch das raschelnde Laub am Boden? Wenn du Blätter in verschiedenen Farben und Formen sammelst, kannst du daraus lustige Collagen basteln.

Du brauchst

- ✘ Blätter
- ✘ Baumfrüchte
- ✘ Blumen
- ✘ Ton- oder Zeichenpapier
- ✘ UHU extra
- ✘ Schere
- ✘ Farb- oder Filzstifte

Die getrockneten Blätter, Baumfrüchte und Blumen stellst du zu lustigen Figuren zusammen. Dann klebst du alles auf. Wenn du willst, kannst du auch noch einen farbigen Hintergrund malen.

So wird's gemacht

Presse die Blätter und Blumen etwa zwei Wochen zwischen Papier in einem Buch oder einer Blumenpresse, bis sie trocken sind.

Kuschelkissen

Was wäre eine Kuschelecke ohne Kuschelkissen? Hier siehst du gleich zwei Ideen, die du ganz leicht nachmachen kannst.

Du brauchst

- Kissenhülle aus Baumwolle
- frische Blätter
- Stoffmalfarben
- Borstenpinsel
- Pappe

So wird's gemacht

Schneide eine Pappe zu, die etwas kleiner ist als das Kissen und stecke sie hinein.
Streiche mit dem Pinsel Stoffmalfarbe auf Blattunterseite und Blattstiel. Drücke die bemalte Blattseite auf die Kissenhülle und streiche mit der Hand leicht darüber. Ziehe das Blatt vorsichtig ab. Wiederhole diesen Vorgang, bis eine Kissenseite vollständig bedruckt ist.

Je nach Geschmack kannst du die Blätter einfarbig bemalen wie beim linken Kissen oder mit mehreren Farben bestreichen wie beim rechten Kissen.

Punkt, Punkt, Komma, Strich...

... fertig ist das Mondgesicht. Oder lustige Mäuse, komische Hühnchen und viele andere witzige Figuren.

Du brauchst

- Zeichenpapier
- Wasserfarben
- Filzstifte

So wird's gemacht

Befeuchte die gewünschte Farbe. Tunke deine Fingerspitze in die Farbe und drücke sie auf das Papier.

Wenn die Fingerabdrücke getrocknet sind, verzierst du sie – Punkt, Punkt, Komma, Strich – mit Filzstiften.

Cooler Handdruck für heiße Töpfe

Topflappen kann man nie genug haben. Selbstbedruckte sind bei Hobbyköchen heiß begehrt und auch in eurer Küche bestimmt ein schöner Blickfang.

Du brauchst

- 2 Topflappen aus Baumwolle
- Stoffmalfarbe
- Pinsel

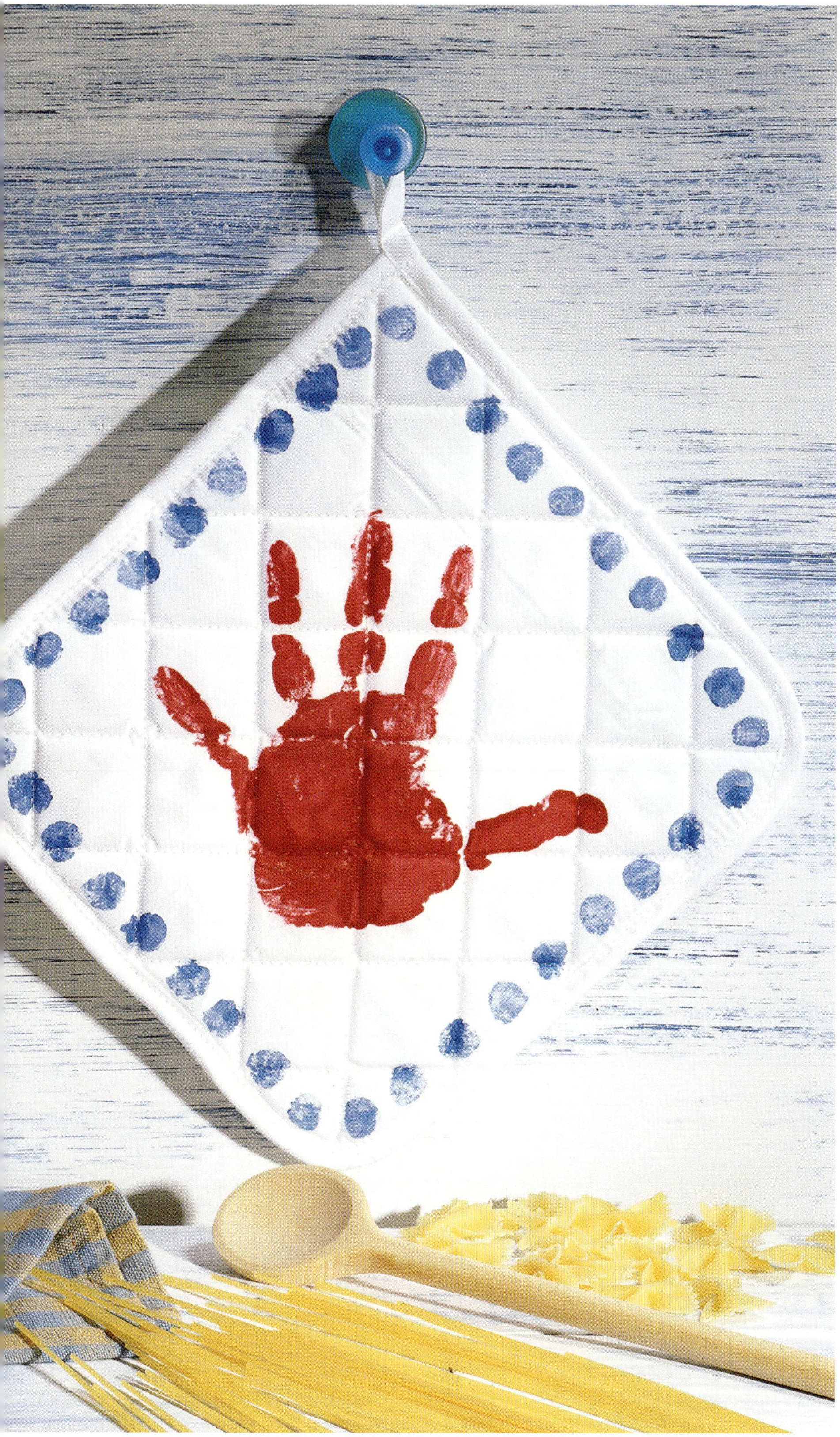

So wird's gemacht

Streiche deine rechte Hand mit Farbe ein und drücke sie auf den Topflappen.

Streiche Farbe auf deine linke Hand und drücke sie auf den anderen Topflappen.

Pinsele Farbe auf eine Fingerkuppe und drucke nach und nach beide Umrandungen.

Tipp

Wasche dir nach jedem Arbeitsschritt die Hände. Fixiere die Farbe so, wie es auf der Verpackung der Farbe angegeben ist.

Flott gerollt

Da kann keiner widerstehen. Alle, die zuschauen, wollen auch mal. Warum? Weil Folie durchsichtig ist. Du siehst, was passiert: wie die Farben ineinanderlaufen, wie sie sich vermischen, wie sich alles wieder verändert, wenn du noch einmal mit der Farbwalze darüberrollst.

Du brauchst

- 2 Bogen Kopierfolie
- 2 Bogen Zeichenpapier
- Bastelfarben
- Pinsel
- Farbwalze

So wird's gemacht

Verteile auf einem Bogen Kopierfolie mehrere Farbkleckse. Lege den zweiten Bogen Kopierfolie so darüber, dass alle Ecken genau aufeinanderliegen.

Streiche mit der Farbwalze leicht über die Folie. Wenn du nun den oberen Folienbogen abziehst, enstehen interessante Farbabrissspuren.

Lege auf jede Folie – alle Ecken wieder aufeinander! – einen Bogen Zeichenpapier und streiche mit der Farbwalze darüber. Ziehe das Papier von der Folie ab. Fertig ist der Foliendruck.

Tipp

Wenn du die Folie sofort nach Gebrauch säuberst, kannst du sie mehrfach verwenden.

Tolle Taschen

Hättest du das gedacht? Diese bunten Stofftaschen wurden mit Kartoffel- und Apfelstempeln bedruckt. Das sieht vielleicht schwierig aus, geht aber kinderleicht.

Du brauchst

- Baumwolltaschen
- Stoffmalfarbe
- Kartoffeln
- Apfel
- Küchenmesser
- Ausstechförmchen
- Pinsel
- Pappe
- Küchenkrepp

So wird's gemacht

Bevor du eine Tasche bedruckst, steckst du ein etwas kleineres Pappestück hinein, damit die Farbe nicht auf die Rückseite durchschlägt. Lies auf der Verpackung der Farbe nach, wie man sie fixieren muss.

Bunte Kartoffeldruck-Tasche

Schneide große und kleine Kartoffeln in der Mitte durch und tupfe die Schnittflächen trocken. Streiche auf die Schnittfläche Stoffmalfarbe und drücke die Kartoffel auf die Tasche. Bedrucke die ganze Tasche mit den Kartoffelhälften und wechsle dabei mehrfach die Farbe.

Kartoffeldruck-Tasche mit Bärchen und Herz

Schneide eine große Kartoffel in der Mitte durch und tupfe sie trocken. Mit einem Ausstechförmchen (z.B. Bär) prägst du das Muster ein. Alles, was nicht zum Motiv gehört und später nicht sichtbar sein soll, schneidest du mit dem Küchenmesser weg. Bestreiche den Kartoffelstempel mit Farbe und drücke ihn auf die Tasche. Den Herz-Kartoffelstempel machst du genauso.

Apfeldruck-Tasche

Schneide einen (schrumpeligen) Apfel in der Mitte durch und tupfe ihn trocken. Bestreiche die Schnittfläche mit Farbe und drücke sie auf die Tasche. Stiel, Blätter und Fruchtansatz malst du anschließend mit dem Pinsel auf.

Das könnte dir so passen

...und schon bald dein neues Lieblings-Shirt sein. Natürlich ist es selbstbedruckt. Für alle, die Gruselgeschichten mögen, mit gespenstigem Druck oder mit Federschmuck für Indianerfans.

Du brauchst

für das T-Shirt mit Gespenst

- T-Shirt in Schwarz
- Stoffmalfarbe für dunkle Stoffe
- Transfer-Stift für dunkle Stoffe
- Korken
- Pinsel
- Pappe

für das T-Shirt mit Feder- und Zitronendruck

- T-Shirt in Weiß
- Stoffmalfarbe für helle Stoffe
- Feder
- Zitronenhälfte, etwas eingetrocknet
- Pinsel
- Kosmetiktücher
- Pappe

So wird's gemacht

Bevor du ein T-Shirt bedruckst, steckst du eine Pappe zwischen Vorder- und Rückseite, damit die Farbe nicht durchschlägt.

Schwarzes T-Shirt mit Gespenst

Male mit dem Transfer-Stift die Kontur des Gespenstes, Augen, Nase und Mund vor. Streiche mit dem Pinsel Stoffmalfarbe auf den Korken und drücke ihn auf das T-Shirt.

Auf diese Weise druckst du den gesamten Gespensterkörper. Achtung: Mund und Augen bleiben frei.

Weißes T-Shirt mit Feder- und Zitronendruck

Bestreiche eine Feder mit Stoffmalfarbe und drücke sie auf das T-Shirt. Lege über die Feder ein Kosmetiktuch. Wenn du jetzt über die Feder streichst, erhältst du einen sauberen Abdruck. Vor jedem Farbwechsel musst du die Feder waschen.

Streiche die Schnittfläche einer Zitronenhälfte mit Farbe ein und drücke sie auf das T-Shirt. Bevor du die Farbe wechselst, musst du die Schnittfläche der Zitrone abwaschen.

JAVANA TEX
SUNNY
Stoffmalfarbe für helle Stoffe
Fabric Paint for light colored fabrics
Peinture sur tissus pour tissus clairs
JAVANA TEX
OPAK
Stoffmalfarbe für dunkle Stoffe

Reißen, Schneiden, Falten, Formen

Miau

Kater Kasimir und Frau Minka sind verliebt in Schmusewolle. Jetzt hoffen die beiden Fädelkätzchen natürlich, da du ihnen ein schönes buntes Fell und vielleicht sogar Ringelsöckchen stickst.

Du brauchst

- Plakatkarton
- Bleistift
- Bastelschere
- Dosenmilchöffner
- Kordel
- Bastelkleber
- Wollreste
- Sticknadel

So wird's gemacht

Male den Umriss einer Katze auf Plakatkarton und schneide sie aus. Schneide Schnurrhaare aus Kordel, Nase und Augen aus Karton und klebe alles auf.

Nun stichst du mit dem Dosenmilchöffner mehrere Fädellöcher in den Plakatkarton. Mit einer Sticknadel und Wollresten kannst du deine Fädelkatzen bunt besticken.

Tipp

Damit du nicht auch euren Küchentisch lochst, solltest du unbedingt eine sehr dicke Pappe unter deine Arbeit legen, bevor du mit dem Dosenmilchöffner hantierst.

Geister-stunde

Hui. Hier spukt Familie Hatschi. Aber keine Angst. Richtig gruseln werden sich vor diesen Gespenstern nur die bösen Langeweile-Monster.«Oskar«, das lachende Gespenst in einer anderen Technik findest du auf Seite 146)

Du brauchst

- Papiertaschentücher

So wird's gemacht

Reiße zuerst den Gespensterkörper aus dem Papiertaschentuch. Zupfe dann noch kleine Stücke für Mund und Augen heraus. Fertig ist das Gespenst.

Lecker, lecker

Möchtest du mal ein Früchtebild kleben? Dann besorge dir zuerst ein echtes Modell: einen Apfel, eine Birne, eine Banane oder dein Lieblingsobst. Schließlich musst du Form und Farbe ganz genau anschauen können. Wenn dein Bild fertig ist, wird das Modell natürlich aufgefuttert. Mmh...

Du brauchst

- Zeitschrift
- Klebestift
- Tonkarton
- Buntstifte

So wird's gemacht

Male zuerst mit einem Buntstift die Form (eventuell auch Stiel und Blätter) deines Modells auf den Tonkarton.

Aus bunten Werbeseiten der Zeitschrift reißt du kleine Stücke in den benötigten Farben. Bestreiche die Schnipsel auf der Rückseite mit dem Klebestift und drücke sie fest auf den Tonkarton.

Kikeriki

Der Hahn kräht ganz vergnügt. Er ist stolz wie ein Gockel über sein farbenprächtiges Federkleid. Über soviel Eitelkeit kann der Rabe nur laut krächzen. Er findet's schön, dass schon die ersten Blumen blühen. Und der allerletzte Schneemann zeigt, dass der Frühling nicht mehr weit ist.

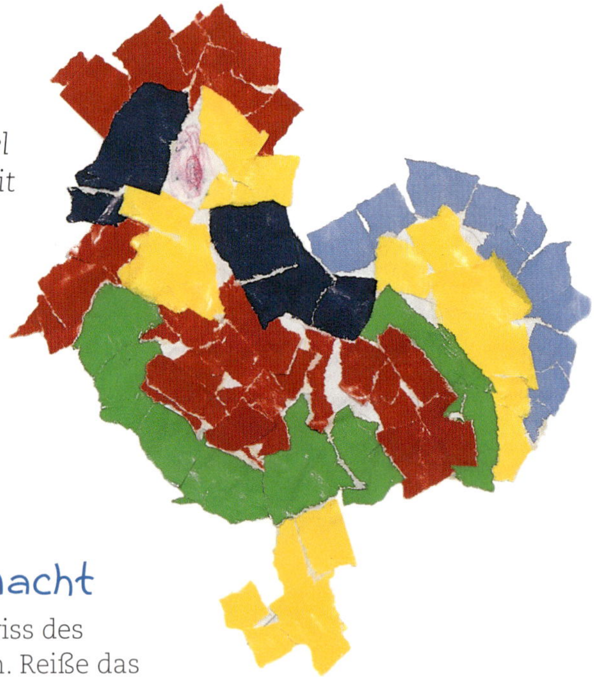

So wird's gemacht

Male zuerst den Umriss des Motivs auf Tonkarton. Reiße das Buntpapier in kleine Stücke.

Befeuchte die farbigen Schnipsel auf der gummierten Seite – mit einen nicht zu feuchten Schwamm – und klebe sie nach und nach auf das Motiv.

Tipp

Du kannst das Motiv auch – wie beim Raben – nach dem Aufmalen ausschneiden und Vorder- und Rückseite mit Buntpapierstücken bekleben. An einem Faden befestigt kann der Rabe dann in deinem Zimmer »fliegen«.

Du brauchst

- Tonkarton
- Bleistift
- Buntpapier
- kleinen Schwamm

Hier geht's drunter und drüber

Diese Fensterbilder sehen besonders schön aus, wenn du Transparentpapier in mehreren Lagen übereinander klebst. Dabei entstehen neue Farben: kräftige Töne bei mehreren Lagen in einer Farbe, »Mischfarben«, wenn du verschiedenfarbiges Papier nimmst. Sobald das fertige Bild an deinem Fenster hängt, wirst du staunen, wie es leuchtet.

Du brauchst

- Architektenpapier
- farbiges Transparentpapier
- Bastelschere
- UHU extra
- UHU tac Klebepads

So wird's gemacht

Reiße oder schneide aus farbigem Transparentpapier die benötigten Formen für dein Motiv. Klebe die Einzelteile mit wenig Klebstoff auf das Architektenpapier.

Befestige das fertige Bild mit Klebepads am Fenster.

Kugelrund wird's kunterbunt

Papier knüllen kann jeder. Aber hast du schon einmal daran gedacht, aus geknüllten Papierkügelchen ein farbenfrohes Bild zu kleben?

Du brauchst

- Tonkarton
- Krepppapier in verschiedenen Farben
- Bleistift oder Buntstift
- Bastelschere
- Bastelkleber

So wird's gemacht

Zeichne ein Motiv auf Tonkarton. Schneide mit deiner Bastelschere das Krepppapier in kleine quadratische Stücke und knülle sie zu Kügelchen. Je kleiner das Quadrat, das du ausschneidest, um so kleiner wird natürlich die Papierkugel.

Die Kügelchen bestreichst du auf einer Seite mit Klebstoff und drückst sie dann ganz eng aneinander in das vorgezeichnete Motiv.

Superschick mit »klick«

Diese Puppen kannst du anziehen, ausziehen und immer wieder neu einkleiden. So oft du willst. Klettkarton auf Puppe und Kleidungsstücken macht's möglich.

Du brauchst

- Plakatkarton
- Klettkarton
- Tapetenreste oder festes Papier mit Muster
- Wollreste
- Bastelschere
- Bleistift
- Filzstifte oder Buntstifte
- UHU extra

So wird's gemacht

Zeichne die Form der Anziehpuppe auf Plakatkarton und schneide sie aus.

Lege die Puppe auf den Tapeten- oder Papierrest und zeichne die Kleidungsstücke direkt auf. Schneide die Kleidungsstücke aus.

Male das Gesicht und klebe deiner Puppe eine flotte Frisur aus Wollresten auf. Damit die Kleidung hält, wird sie angeklettet. Dazu schneidest du zum Beispiel für den Pullover zwei gleichgroße Stücke aus dem Klettkarton. Eins davon klebst du mit der gerippten Seite nach oben auf die Anziehpuppe und klettest das zweite (gerippte Seite auf gerippte Seite) darauf. Jetzt klebst du den Pullover auf das obere Klettstück.
Sobald der Klebstoff getrocknet ist, kannst du den Pullover »ausziehen«. Schuhe und Hose werden genauso befestigt.

Leise rieselt der Schnee

Schnee gehört zum Winter wie Weihnachten. Wenn es draußen gerade mal wieder nicht schneit, zaubern Eiskristallsterne aus Papier vorweihnachtliche Winterstimmung ans Fenster.

Du brauchst

- Papierquadrate in Weiß, 10 x 10 cm
- Bastelschere

So wird's gemacht

Falte das Quadrat zu einem großen Dreieck.

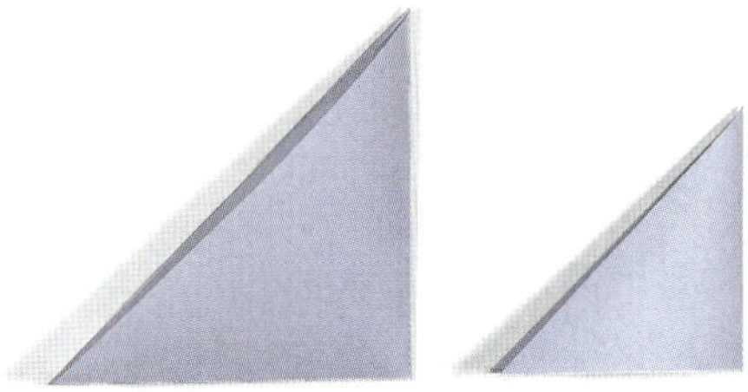

Falte das große Dreieck zu einem kleinen Dreieck. Falte das kleine Dreieck zu einem noch kleineren Dreieck. Schneide in alle Seiten des Dreiecks beliebige Muster.
Wenn du nun das Papier vorsichtig entfaltest, wirst du staunen, was für schöne Schneekristalle entstanden sind.

Post fürs Christkind

*Ist dein Wunschzettel für Weihnachten schon fertig? Wie???
Du hattest noch keine Zeit? Kindergarten, Rock'n Roll-Gruppe, Fußballverein, Schwimmkurs, Ballettstunde, Hockeyclub... Keine Ausrede! – Katalog wälzen und ausschnippeln, was dein Herz begehrt. Und ab geht die Post. Woher soll das Christkind sonst wissen, was du dir zu Weihnachten wünschst?*

Du brauchst

- Papier
- Spielzeugprospekte
- Bastelschere
- Bastelkleber
- Buntstifte

So wird's gemacht

Schneide aus Prospekten Bilder von den Sachen aus, die du dir dieses Jahr zu Weihnachten wünschst.

Klebe sie auf das Papier und verziere den Wunschzettel nach deinen Vorstellungen mit Buntstiften.

Pieks, pieks, pieks

Loch an Loch an Loch kannst du mit einer Prickelnadel allerlei Motive aus dünnem Karton herauspieksen. Entweder, denkst du dir eigene Formen aus, malst sie vor und prickelst sie aus, oder du nimmst fertige Schablonen, wie zum Beispiel Blätter.

Du brauchst

- Prickelnadel
- Prickelunterlage
- Tonkarton
- Batik-Schmuckpapier (siehe Seite 14)
- Bastelkleber
- Bastelschere
- Blätter

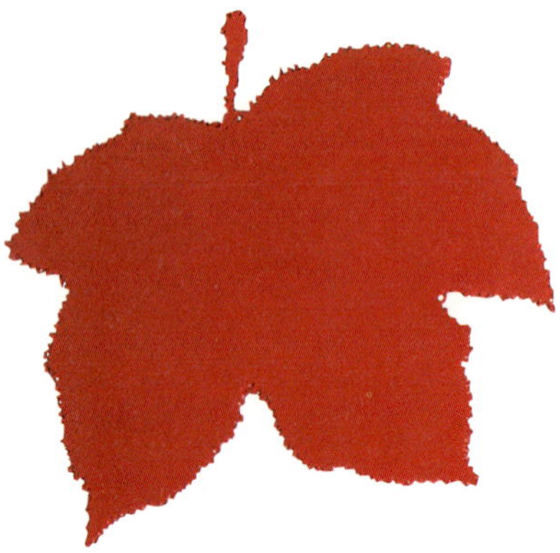

So wird's gemacht

Lege auf die Prickelunterlage Tonkarton und darauf ein Blatt. Drücke das Blatt mit der einen Hand fest auf den Tonkarton. Mit der Prickelnadel stichst du nun dicht an dicht Löcher um den Rand des Blattes. Dies machst du so lange, bis du das Motiv vollständig auf den Karton übertragen hast und es sich leicht herauslösen läßt.

Klebe das ausgeprickelte Blatt oder gleich mehrere Blätter auf andersfarbigen Tonkarton oder Batik-Schmuckpapier. Wie man das herstellt, erfährst du auf Seite 14.

Tipp

Du hast jetzt nicht nur ausgeprickelte Tonkarton-Blätter, sondern auch Tonkarton mit blattförmigen »Fenstern«. Wenn du hinter ein solches Fenster Batik-Schmuckpapier klebst, bekommst du ein schönes Fensterbild.

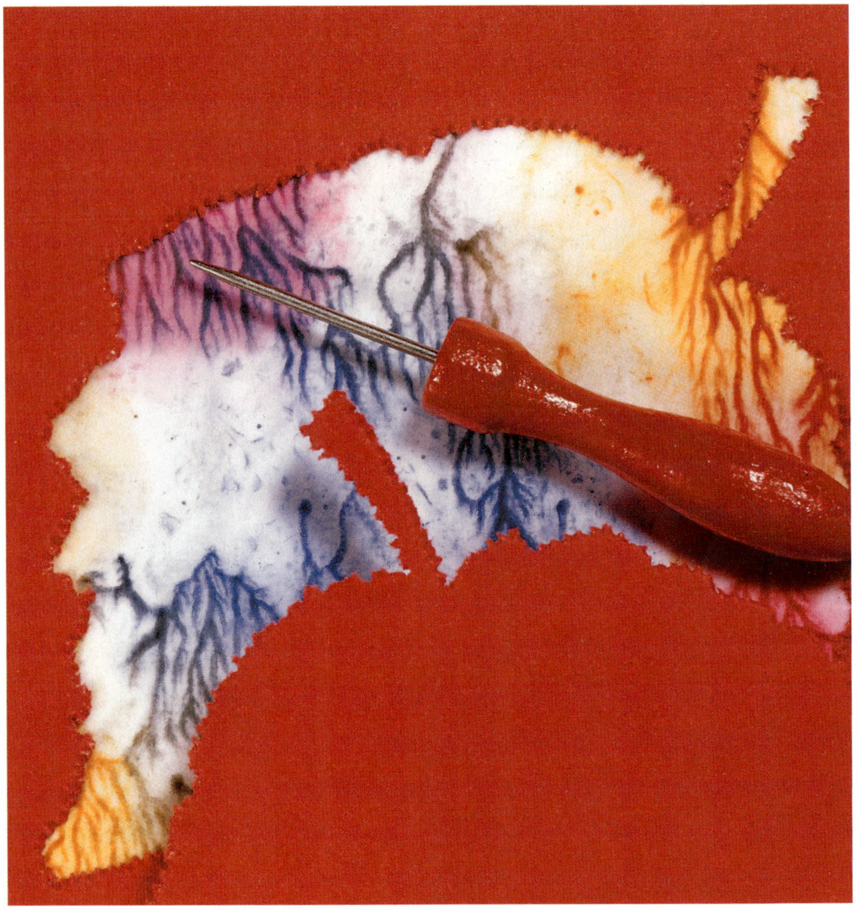

Dufter Blumenstrauß

Das farbenfrohe Papier für die Blüten gibt es nirgendwo zu kaufen, denn es ist selbstgemalt.

Du brauchst

- Tonkarton, Format DIN A 3
- Faltpapier 20 x 20 cm (für die Vase)
- Papier (10 x 10 cm für große Blüten, 6 x 6 cm für kleine Blüten) in Weiß
- Wachsmalstifte
- Bastelschere
- UHU extra

So faltest du die Blumenvase

Falte das Quadrat zu einem Dreieck.

Lege eine der seitlichen Spitzen auf die gegenüberliegende Kante.

Falte die zweite Spitze zur anderen Seite.

Falte die obere Spitze nach unten und klebe sie fest.

So entstehen die Blüten

Male zunächst die Papierquadrate auf einer Seite bunt an.

Falte jedes Quadrat zu einem großen Dreieck.

Falte das große Dreieck zu einem kleinen Dreieck.

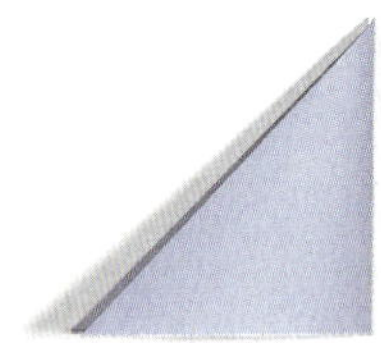

Falte das kleine Dreieck zu einem noch kleineren Dreieck.

Schneide den äußeren Rand des Dreiecks rund ab.

Schneide Dreiecke und Rundungen in das Papier. Achte darauf, dass du das Papier an keiner Stelle ganz durchschneidest. Wenn du das Papier auseinanderfaltest, hast du herrlich bunte Blüten.

So gestaltest du das Bild

Klebe Vase und Blüten auf den Untergrund. Male Blumenstängel und Blätter dazu. Wenn du magst, kannst du auch die Blumenvase bunt verzieren.

Bunte Drachen

Wenn der Herbstwind die Blätter von den Bäumen pustet, dann ist es wieder soweit: höchste Zeit für einen selbstgemachten Drachen. Wie kunterbunt und lustig der aussehen kann, siehst du hier.

Du brauchst

- Tonkarton
- Bastelschere
- Bastelkleber
- Wachsmalstifte
- Wollrest
- Transparent- oder Krepppapier
- Sticknadel

So wird's gemacht

Schneide aus Tonkarton ein großes Quadrat.

Falte das Quadrat so, dass zwei gegenüberliegende Spitzen aufeinanderliegen. Klappe es wieder auseinander. Du erhältst in der Mitte eine Falzlinie.

Knicke die beiden seitlichen Papierspitzen auf diese Falzlinie und klebe sie fest.

Male den Drachen auf beiden Seiten an.

Knote bunte Streifen aus Transparent- oder Krepppapier an ein Wollstück und befestige den Drachenschwanz an der Unterseite des Drachens.

Ziehe am Mittelfalz (oberhalb und unterhalb der seitlichen Ecken) ein langes Stück Wollfaden durch. Verknote ihn – mit etwas Abstand zum Drachen – in der Mitte.

Moderne Weihnachtsmänner

Ob Weihnachtsmänner am Computer arbeiten? Modisch gesehen leben sie jedenfalls nicht hinterm Mond. Extra für dich haben sie frisch gefaltete Anzüge in verschiedenen Farben anprobiert.

Du brauchst

- Faltpapier 20 x 20 cm
- UHU extra
- Bastelschere
- Filzstifte
- Watte
- Schaschlikspieß

So wird's gemacht

Falte das quadratische Papier zweimal zur Hälfte und öffne die Faltung wieder. Nun hat das Papier zwei sich kreuzende Falzlinien.

Falte die vier Ecken auf den Mittelpunkt der beiden Falzlinien und drehe die Faltarbeit um.

Falte die vier Ecken nochmals auf den Mittelpunkt und dreh die Arbeit noch einmal um.

Falte wiederum die vier Ecken auf den Mittelpunkt und drehe die Arbeit um. Du hast jetzt ein großes Quadrat mit vier kleinen Quadraten.

Halte den Mittelpunkt der Arbeit mit Daumen und Zeigefinger fest und öffne eins der Quadrate. Dazu schiebst du die Ecke von der Mitte nach außen und drückst sie flach.
Auf diese Weise öffnest du drei Quadrate: zwei für die Arme, eins für die Füße. Das vierte Quadrat bleibt geschlossen.

Knicke bei den Quadraten für die Arme jeweils eine obere und eine untere Ecke nach hinten und klebe sie fest.

Klappe das vierte Quadrat zur Hälfte nach oben, so dass du das Dreieck für die Nikolausmütze erhältst und klebe es fest. Nimm dieses Dreieck als Vorlage fürs Gesicht. Lege Papier unter, umfahre das Dreieck mit einem Stift und schneide es aus. Klebe das Gesicht auf und male es an. Zum Schluss klebst du Pelz und Bart aus Watte an.

Tipp

Es sieht sehr hübsch aus, wenn du einen oder gleich mehrere Nikoläuse in einen Topf mit Tannengrün steckst. Dazu befestigst du einfach auf der Rückseite einen Schaschlikspieß.

Schmetterlinge

Sie flattern hin. Sie flattern her. Und ab und an verweilen sie kurz auf einer bunten Blume. Schmetterlinge beobachten macht Spaß. Schmetterlinge falten auch. Mit aufgeklebten Partyklammern sind sie eine frühlingshafte Pflanzendekoration.

Du brauchst

- Faltpapier, 10 x 10 cm
- Bastelschere
- Partyklammern
- UHU extra

So wird's gemacht

Falte das Quadrat Spitze auf Spitze, so dass du ein Dreieck erhältst.

Falte das Dreieck in der Mitte und klappe es wieder auseinander. In der Mitte siehst du eine Falzlinie.

Lege die seitlichen Spitzen auf die Spitze des Dreiecks. Nun ist ein Quadrat entstanden.

Falte die so entstandenen oberen Spitzen mit der Bruchkante an die Seitenlinie. Ein Schmetterlingsflügel ist fertig und du kannst gleich noch einen zweiten falten.

Schneide zwei längliche Papierstücke für den Schmetterlingskörper (etwa 2 x 8 cm) und zwei Schmetterlingsfühler aus. Klebe Flügel und Fühler auf ein Schmetterlingskörperteil und klebe das andere darüber. Befestige auf der Rückseite des Schmetterlings mit Klebstoff eine Partyklammer. Nun kann dein Schmetterling auf einem Zweig landen.

Das Häuschen wird bald fertig sein

Dieses Häuschen baust du nicht Stein auf Stein. Es wird aus Papier gefaltet, aufgeklebt und angemalt. Mit Watte und Wollresten verziert, entsteht so ein schönes Bild von deinem Zuhause. Oder vom Haus deiner Tante, deiner Großeltern, deiner Freundin, deines Freundes...

Du brauchst

- ✘ Faltpapier, 20 x 20 cm
- ✘ Zeichenpapier, DIN A 4
- ✘ Buntstifte
- ✘ Bastelkleber
- ✘ Bastelschere
- ✘ Watte
- ✘ Wollreste

So wird's gemacht

Falte das Quadrat einmal in der Mitte, so dass du ein Rechteck erhältst. Lege es so vor dich, dass die geschlossene Kante oben liegt.

Falte das Rechteck in der Mitte und klappe es wieder auseinander. Du erhältst eine Mittellinie.

Falte nacheinander beide kurzen Seiten auf die Mittellinie und klappe sie wieder zurück. Du erhältst eine neue Falzlinie.

Knicke nacheinander beide oberen Spitzen an die neue Falzlinie. Dabei entsteht jeweils ein kleines Dreieck.

Ziehe nacheinander diese beiden Dreiecke auseinander und drücke sie flach.

Klebe das Haus auf Zeichenpapier und bemale das Bild.

Tipp

Damit der Schornstein richtig raucht, kannst du Watte oder Wollreste aufkleben.

Schiff ahoi!

Papierschiffchen schwimmen in Pfützen oder Plantschbecken, und sogar in Waschbecken wurden sie schon gesehen. Fleißige Papierschiffchen-Bastler kleben die schönsten auf ein Stück Karton und dekorieren mit der flotten Flotte ihr Zimmer.

Du brauchst

- ✘ Papier
- ✘ Wachsmalstifte

eventuell noch:

- ✘ Tonkarton
- ✘ Wasserfarben
- ✘ Pinsel
- ✘ Bastelkleber

So wird's gemacht

Bemale ein rechteckiges Stück Papier auf beiden Seiten. Nun kannst du das Schiffchen falten:

Falte schmale Seite auf schmale Seite, so dass ein kleineres Rechteck entsteht.

Falte dieses Rechteck noch einmal, und klappe es wieder auseinander. Du erhältst eine Mittellinie.

Falte die äußeren Spitzen an die Mittellinie.

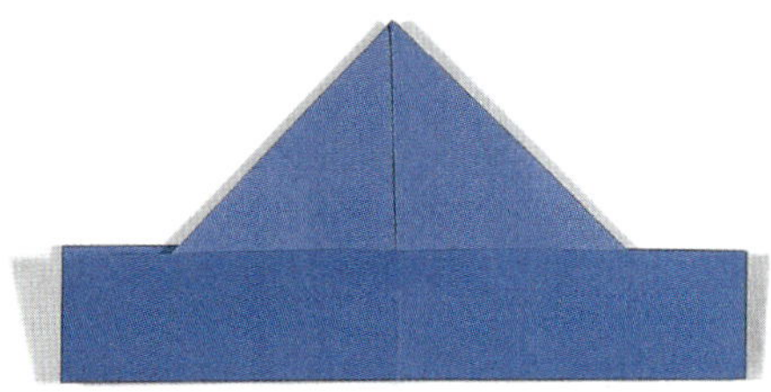

Knicke vorne und hinten die unteren Ränder nach oben und schlage alle Ecken ein. Du erhältst einen Hut.

Öffne den Hut und lege die beiden seitlichen Ecken aufeinander.

Falte die offenen Ecken vorn und hinten nach oben.

Ziehe die beiden oberen Ecken vorsichtig auseinander und öffne das Schiff.

So wird's ein flottes Bild

Male Wellen auf Tonkarton und klebe mehrere Schiffe auf.

Langohr und Mümmelmann

Lilli und Theo sind keine gewöhnlichen Hasen, obwohl sie genauso gern über Felder hoppeln. Du hast es sicher schon erkannt: Frau Langohr und Herr Mümmelmann sind tatsächlich zwei waschechte Osterhasen. Wie du siehst, haben sie bereits viele bunte Eier dabei.

Du brauchst

- Tapetenkleister
- Zeitungspapier
- Pappe
- Packpapier
- Wackelaugen, 10 mm Ø
- Biegeplüsch
- Seitenschneider
- Pompons
- UHU extra
- Krepp-Klebeband
- Bleistift

So wird's gemacht

Knülle eine Seite einer Tageszeitung zur Kugel – das wird der Hasenkörper. Knülle dann eine halbe Zeitungsseite kugelförmig – das wird der Kopf.

Reiße Zeitungspapier in kleine Stücke. Male auf Pappe die Hasenohren auf und schneide sie aus. Rühre den Tapenkleister nach der Anweisung auf der Packung an.

Mit viel Tapetenkleister klebst du die gerissenen Papierstücke um die Zeitungskugeln. Drücke das Hasenunterteil mehrmals auf die Arbeitsfläche, damit das Häschen später gut stehen kann.

Kopf und Körper verbindest du mit Krepp-Klebeband und kleisterst Papierstreifen rundherum. Befestige die Pappohren mit Klebeband am Hinterkopf. Kleistere ebenfalls Papierstücke darüber und lasse das Häschen trocknen.

Nun schneidest du das Packpapier in Stücke. Kleistere sie dick ein und umklebe den getrockneten Hasen mit einer Lage Packpapier. Streiche das Packpapier sorgfältig glatt und lasse alles wieder trocknen.

Lege dir Wackelaugen, 3 Biegeplüschstücke (je 10 cm lang) und 2 kleine Pompons (eins fürs Näschen, eins fürs Schwänzchen) zurecht. Wenn der Hase getrocknet ist, klebst du alles auf.

Töpferstunde

Der Naturwerkstoff Ton lässt sich leicht und schnell in jede gewünschte Form bringen. Solange der Ton noch nass ist, kannst du ihn beliebig verändern. Wenn dir die modellierte Form nicht gefällt, verknetest du den Ton wieder und beginnst von vorn.

Du brauchst

- Ton
- Ziehschlinge
- Küchenmesser
- Schaschlikspieß
- Nudelholz
- alte Zahnbürste
- Tonglasur

So wird's gemacht

Mit einer Ziehschlinge teilst du vom Ton nur soviel ab, wie du sofort verarbeiten kannst. Der Rest wird in einer gut verschlossenen Plastiktüte aufbewahrt.

Aus dem abgeteilten Tonstück musst du zunächst die Luft »herausschlagen«. Dazu wirfst du den Tonklumpen mehrmals kräftig und mit Schwung auf die Arbeitsfläche. Danach knetest du den Ton weich. Jetzt kannst du daraus formen, was dir gefällt.

Wenn dein Werkstück fertig ist, muss es etwa eine Woche trocknen. Achtung: Ton soll langsam trocknen, deshalb legst du ihn besser nicht an die Heizung! Ist er gut getrocknet, wird der Ton in einem Keramikbrennofen gebrannt und anschließend glasiert. Hierbei sollte dir ein Erwachsener helfen. Nach dem Glasieren wird deine Töpferarbeit nochmals gebrannt.

Wandbild

Knete ein Tonstück gut durch und forme es zu einer Kugel. Drücke die Kugel mit dem Handballen flach. Mit einem Schaschlikspieß ritzt du ein Muster ein. Bohre zuletzt noch zwei Löcher für die Aufhängung.

Schneemann

Zerteile Ton mit einem Küchenmesser in mehrere Stücke. Du brauchst ein Stück für den Körper, eins für den Kopf, ein weiteres, kleineres für den Hut.

Knete zunächst das Tonstück für den Körper gut durch. Forme daraus eine kleine Kugel, indem du den Ton zwischen deinen Handflächen hin und her rollst.

Forme den Kopf auf die gleiche Art. Bevor du Kopf und Körper verbindest, raust du die Auflageflächen etwas mit einer Zahnbürste auf. So verbinden sich die Tonteile besser. Nun kannst du den Kopf auf den Körper drücken.

Mit einem Schaschlikspieß drückst du kleine Löcher für Mund, Nase und Augen in den Kopf. Schon hat dein Schneemann ein freundliches Gesicht.

Jetzt bringst du das Tonstück für den Hut in Kugelform. Die Kugel legst du auf die Arbeitsfläche und drückst sie mit der Faust flach. Wie gut der Hut dem Schneemann steht, probierst du natürlich sofort aus. Und nicht vergessen, die Verbindungsfläche vorher mit einer Zahnbürste aufzurauhen!

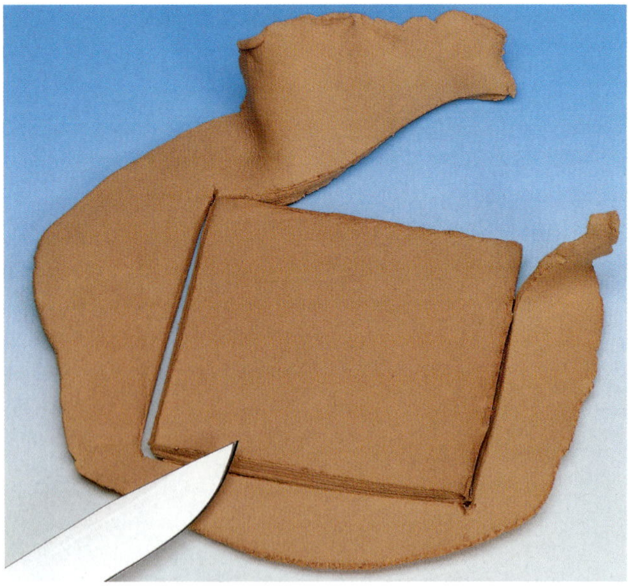

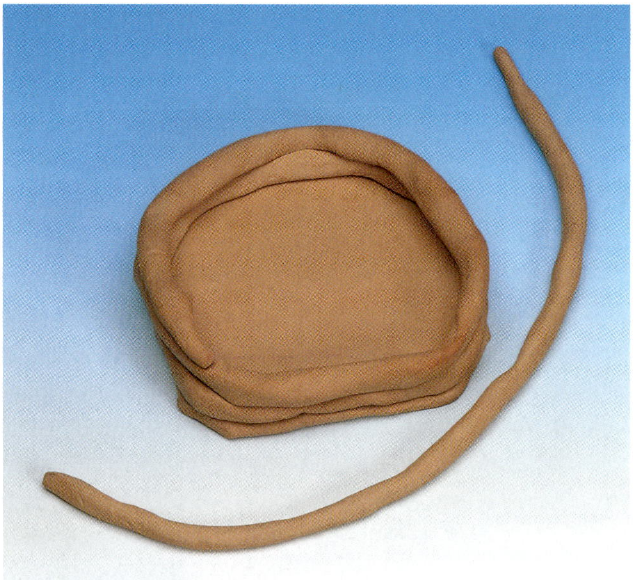

Blumenvase

Knete ein Tonstück gut durch und forme es zu einer Kugel. Drücke sie auf der Arbeitsfläche etwas flach und walze sie mit dem Nudelholz aus. Schneide mit dem Küchenmesser die Grundplatte für deine Vase heraus.

Knete wieder ein Stück Ton und rolle daraus Würstchen. Das Würstchen wickelst du spiralförmig auf die Grundplatte. Fahre solange auf die gleiche Weise fort, bis deine Vase die richtige Höhe hat.

Tipp

Wenn du keine Möglichkeit hast, deine Tonarbeiten in einem speziellen Keramikbrennofen brennen zu lassen, kannst du statt Ton lufttrocknende Modelliermasse nehmen, die nicht gebrannt werden muss. Du kannst sie gleich nach dem Trocknen mit Bastelfarbe bemalen.

Basteln, Spielen, Ausprobieren

Plitsch, platsch

In der Badewanne ist was los. Kein Wunder, wenn so lustige Badetiere mit von der Partie sind! So macht Baden doppelt Spaß.

Du brauchst

- Moosgummi, 3 mm
- Bleistift
- Bastelschere
- UHU Kraft Alleskleber
- Wackelaugen
- Korken

So wird's gemacht

Zeichne mit Bleistift eine Tierfigur auf Moosgummi und schneide sie aus. Klebe nacheinander zwei Korken seitlich an das Unterteil der Figur. Schneide Maul, Flossen oder Zähne aus farblich passenden Moosgummiresten zu und klebe sie auf. Zum Schluss bekommen deine Badetiere noch je ein Auge auf jeder Seite.

Total einfach, einfach toll

Zum Laternenumzug gehst du natürlich mit einer selbstgebastelten Laterne. Die ist schnell gemacht und sieht einfach super aus.

Du brauchst

- Luftballon
- Schüssel
- Transparentpapier
- Krepppapier
- Tapetenkleister
- UHU extra
- Toilettenpapierrolle
- Bastelschere
- Bleistift
- (Prickel-)Nadel
- Laternendraht
- Teelicht

So wird's gemacht

Blase den Luftballon auf und rühre etwas Tapetenkleister nach Packungsanweisung an. Das Transparentpapier zerschneidest du in quadratische Stücke.

Lege den aufgepusteten Luftballon in eine Schüssel, damit er nicht hin- und herrutscht. Nun streichst du den Luftballon mit Tapetenkleister ein und klebst die Transparentpapierstücke rundherum auf den Ballon. Du mußt ungefähr drei Lagen übereinander kleben. Dann lässt du den eingekleisterten Luftballon trocknen.

Für das Kürbisgesicht schneidest du Krepppapier in quadratische Stücke und knüllst sie zu kleinen Kügelchen. Male Kürbisumriss, Stiel, Augen, Nase und Mund auf den getrockneten Luftballon. Klebe das Kürbisgesicht aus den Papierkügelchen. Augen und Mund lässt du frei.

Nun kannst du den Luftballon zerstechen und herausziehen. Schneide den Rand in Form. Mit einer Nadel bohrst du am oberen Rand rechts und links ein Loch und befestigst den Laternendraht. Schneide von der Toilettenpapierrolle ein schmales Stück ab und klebe es in die Mitte des Laternenbodens, so hat das Teelicht besseren Halt.

Tipp

Du kannst statt des Papprings für das Teelicht auch eine Halterung für Lampionkerzen in deiner Laterne befestigen.

Smotsch

Hier sind die neuen Ich-lerne-die-Uhr-Modelle. Sie sind extra für Kinder. Und nur echt, wenn wirklich selbstgebastelt.

Du brauchst

für alle Zifferblätter:
- ✘ Tonkarton
- ✘ Musterklammer
- ✘ Bleistift
- ✘ Bastelschere
- ✘ Dosenmilchöffner
- ✘ UHU extra

für die Hula-Smotsch außerdem:
- ✘ Bast
- ✘ Filzstift

für die Ticki-Smotsch außerdem:
- ✘ Wollreste
- ✘ Wachsmalstifte

für die Bonga-Smotsch außerdem:
- ✘ Luftschlangen
- ✘ farbigen Verpackungskarton
- ✘ Buntstifte

für das Uhrenarmband außerdem:
- ✘ Klettkarton

So wird's gemacht

Die Hula-Smotsch

Zeichne auf Tonkarton einen Kreis mit einem Durchmesser von etwa 10 cm. Das geht am einfachsten mit einem Zirkel, weil durch den Punkt beim Einstechen des Zirkels bereits die genaue Mitte des Kreises festliegt.

Falls kein Zirkel vorhanden ist, baust du dir einen »Hilfszirkel«: Nimm ein Schnürchen und mache an jedes Ende ein kleine Schleife. Das Schnürchen mit Schleife darf dann um etwa 5 cm lang sein. Durch ein Ende steckst du den Nagel, durch das andere Ende den Bleistift. (Wo der Nagel auf dem Karton eingedrückt wird, ist die genaue Mitte des Zifferblattes.) Jetzt ziehst du den »gefesselten« Bleistift um den Nagel. Du hast deinen Kreis mit etwa 10 cm Durchmesser und auch die genaue Mitte des Zifferblattes.

Schneide aus andersfarbigem Tonkarton die Uhrzeiger aus, bohre kurz vor dem geraden Ende ein Loch mit dem Dosen-milchöffner und befestige sie mit der Musterklammer in der Mitte des Zifferblattes.

Umklebe den Rand auf der Rückseite mit Baststücken.

Die Ticki-Smotsch

Zeichne auf Tonkarton einen Kreis mit einem Durchmesser von 10 cm und schneide ihn aus. Bemale das Zifferblatt mit Wachsmalstiften.
Schneide Uhrzeiger aus und male sie an. In die Mitte des Zifferblatts und in die Enden der Zeiger stichst du ein Loch und befestigst die Zeiger mit der Musterklammer.
Um den Rand der Rückseite klebst du – dicht an dicht – Wollreste.

Die Bonga-Smotsch

Die Bonga-Smotsch fertigst du ebenso wie die Hula-Smotsch. Statt mit Bast umklebst du die »Bonga« auf der Rückseite des Zifferblattes mit Luftschlangenstücken.

Das Zifferblatt malst du mit Buntstiften und schneidest die Zeiger aus festem, farbigem Verpackungskarton.

Das Smotsch-Uhrenarmband

Alle »Ich-lerne-die-Uhr-Modelle« kannst du mit dem praktischen Smotsch-Uhrenarmband ausstatten. Dank Klettkarton und »klick« (siehe Seite 56) brauchst du nur ein Armband. Daran kannst du jeden Tag eine andere Uhr tragen.
Schneide einen 3 cm breiten Klettkartonstreifen quer zu den gerippten Linien. Vom Streifen schneidest du je ein 3 cm breites Stück für die Armbandschließe und eins für die Uhr-Halterung ab. Jetzt kannst du ausprobieren, ob das Uhrenarmband (mit Schließe) bereits passt, oder ob du vom Klettkarton-Streifen noch etwas wegschneiden musst. Nun steckst du das zweite quadratische Kletteil – gerippte Seite in gerippte Seite – in der Mitte des Armbands ein und klebst die Uhr auf.

Vogelhochzeit

Tilli und Tobi heiraten. Alle Vögel sind schon da, um mit ihnen zu feiern. Sogar Pieps, die kleine Maus, kommt zum Gratulieren.

Du brauchst

als Grundmaterial:

- ✘ Karton
- ✘ Wolle
- ✘ Biegeplüsch
- ✘ Sticknadel
- ✘ Bastelschere
- ✘ Seitenschneider
- ✘ Bleistift
- ✘ UHU extra

zusätzlich:

- ✘ Tüll
- ✘ Zylinder, 52 mm Ø
- ✘ Schmuckfedern
- ✘ kleine Federn
- ✘ Strohhut, 75 mm Ø
- ✘ Schirmmütze

für die Maus außerdem:

- ✘ 2 Wackelaugen, 10 mm Ø
- ✘ Holzperle
- ✘ rosa Filzrest

So wird's gemacht

Für den Vogelkörper aus Pompon schneidest du zwei Pappringe mit 8 cm Durchmesser. Für den Kopf brauchst du zwei Pappringe mit 5,5 cm Durchmesser. Als Vorlage für die Kreise kannst du zum Beispiel Glasdeckel nehmen. In die Mitte der Pappringe schneidest du je ein großes Loch.
Lege die Pappringe genau übereinander. Umwickle sie dicht mit Wolle, bis die Öffnung ganz ausgefüllt ist. Wenn die Öffnung

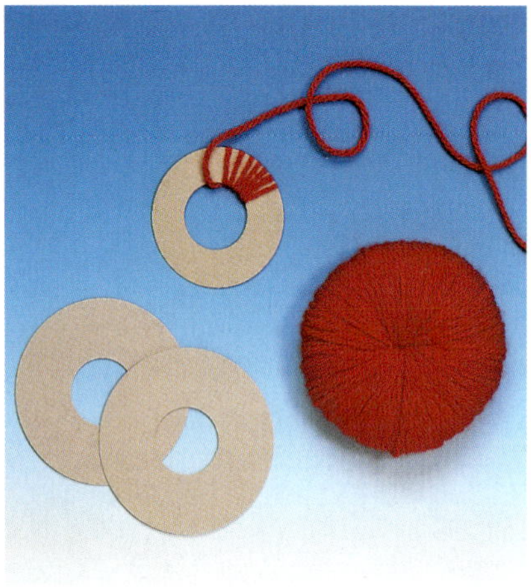

zum Durchfädeln mit den Fingern zu eng geworden ist, ziehst du die Wolle mit der Sticknadel durch. Je mehr Wolle du verwendest, umso dichter wird der Pompon.

Schneide die Fäden am äußeren Rand rundherum auf. Schiebe Wollfaden zwischen die Pappringe und ziehe ihn etwas zusammen. Schneide die Pappringe auf und entferne sie. Nun ziehst du den Wollfaden fest und verknotest ihn. Faden nicht abschneiden!

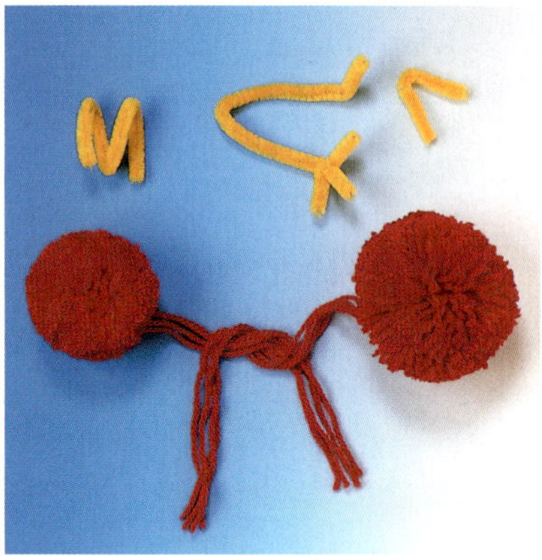

Schneide die Wollbälle in Form und verknote sie an den Wollfäden miteinander. Für die Beine knickst du 18 cm Biegeplüsch in der Mitte und biegst die Enden je 2 cm um. Schneide zwei 7 cm lange Biegeplüschstücke und biege sie um die Vogelbeine herum. So entstehen die Vogelkrallen. Für den Schnabel formst du 15 cm Biegeplüsch zweimal oval-spiralförmig.

Stecke Vogelbeine und Schnabel mit etwas Klebstoff versehen in die Pompons. Für die Vogelaugen umwickelst du je ein kleines Stück Biegeplüsch mit andersfarbigem Biegeplüsch und klebst sie auf.

Ein Pomponvogel ist, wie du siehst, im Handumdrehen gemacht. Mit wenigen Mitteln und etwas Fantasie kannst du dir ganz verschiedene Vögel basteln:

Tilli, die Vogelbraut, machst du aus weißen und rosa Wollresten. Für den Brautschleier faltest du weißen Tüll (etwa 38 x 34 cm) in der Mitte. Raffe ihn am Falz und binde die Raffung mit Wolle ab. Fixiere den Brautschleier mit etwas Klebstoff auf Tillis Kopf.

Die weißen Schmuckfederflügel sind lediglich in den Wollball eingesteckt.

Tobi, der Vogelbräutigam, trägt einen schwarz-weißen Frack, für den du schwarze und weiße Wolle gewickelt hast, und dazu ein paar eingesteckte, schwarze Schmuckfedern. Der Zylinder wird aufgeklebt.

Twinky, das Vogelkind, ist gelb wie ein Küken, und natürlich kleiner, als die anderen Vögel. Für Twinky brauchst du je zwei Pappringe mit 5,5 cm und 3 cm Durchmesser und für die Beine 15 cm Biegeplüsch. Die Krallen biegst du aus je 6 cm Biegeplüsch, den Schnabel aus 10 cm Biegeplüsch. Twinky trägt ganz stolz seine neue Schirmmütze.

Onkel Robert, der lustige Rabe, kommt ganz in Schwarz daher. Seinen Schopf schmücken eingesteckte, gelbgetupfte Federn.

Eddie Elster mag's extravagant. Er ist ganz lila und trägt drei kleine, eingesteckte Federn.

Henriette Frühauf erscheint zur Vogelhochzeit im türkis-lila-farbenen Federkleid mit Sonnenhut und lila Feder im »Haar«.

Rosalie Rotkehlchen ist in ihrem knallroten Kleid nicht zu übersehen. Sie kommt mit gelben Schmuckfederflügeln und blauem Kopfschmuck angeflattert.

Mäuschen will auch mitfeiern. Zum Wickeln des Pompons brauchst du zwei Pappringe mit einem Durchmesser von 5,5 cm. Zum Abbinden nimmst du diesmal gleich drei lange Wollfäden. Daraus flechtest du später das Schwänzchen. Schneide den Pompon in Mäuseform (vorne spitz, hinten stumpf), klebe die Wackelaugen auf und nähe das Holzperlennäschen an. Zum Schluss schneidest du noch Filzohren zu und klebst sie fest.

Zum Flechten des Schwänzchens teilst du die herunterhängenden Fadenenden in drei Paare. Beim Flechten wird immer abwechselnd einmal der rechte, dann der linke Strang über den mittleren Strang gelegt. Zum Schluss machst du einen Knoten, damit sich der Zopf nicht wieder auflöst.

Geht nicht, gibt's nicht

Hast du Lust zum Weben, besitzt aber keinen Webrahmen? Macht nichts. Bastle dir einfach einen aus Pappe. Und schon kann's losgehen.

Du brauchst

für den Webrahmen:
- Wellpappe
- Bastelschere
- festes Garn, z.B. Topflappenwolle

für die Webbilder aus Wolle:
- Wollreste
- Perlen

für die Webbilder aus Naturmaterial:
- Gräser
- Blumen

So wird's gemacht

Für den Webrahmen schneidest du ein rechteckiges Stück Wellpappe zu. Schneide die Pappe an zwei gegenüberliegenden Seiten in Abständen von 1 cm jeweils 1 cm weit ein. Bespanne den Webrahmen (siehe Abbildung) mit festem Garn. Auf der Rückseite des Webrahmens verknotest du das Garn.

Jetzt nimmst du entweder Wolle oder etwas Naturmaterial und ziehst es einmal unter und einmal über dem gespannten Garnfaden hindurch. In der nächsten Reihe wechselst du diese Reihenfolge.

Nach jeder gewebten Reihe schiebst du Wolle oder Naturmaterial nach unten, damit deine Webarbeit schön dicht wird. Webe so weiter, bis das Webbild fertig ist.

Tipp

Achte darauf, daß du die gespannten Fäden seitlich nicht zu stark zusammenziehst und dein Webbild dabei immer schmaler wird.

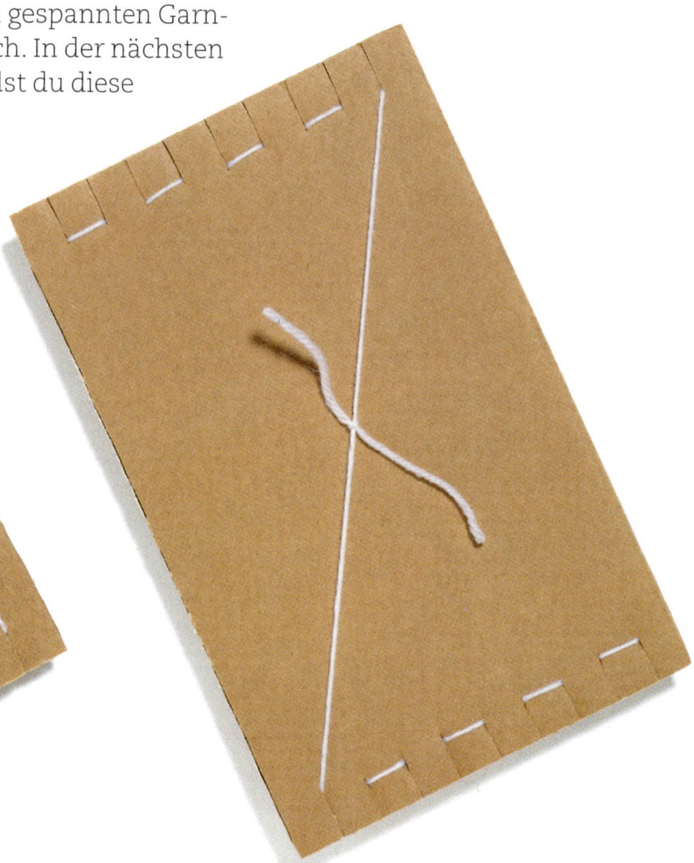

Besuch aus dem All

Verkleiden macht Spaß, nicht nur zur Faschingszeit. Diese beiden Außerirdischen, Andromedus und Galactica, kommen vom fernen Stern Xerios und machen gerade Ferien auf dem Planeten Erde. Oder sind es vielleicht doch Kinder, die sich hinter den Masken verbergen?

Du brauchst

für beide Masken:
- ✘ Pappteller
- ✘ Plakatkarton
- ✘ Bleistift
- ✘ Bastelfarbe
- ✘ Pinsel
- ✘ Biegeplüsch
- ✘ Wattekugeln
- ✘ Ringelband
- ✘ Bastelschere
- ✘ UHU extra

für die grüne Maske außerdem:
- ✘ blaue Alufolie
- ✘ Buntpapier
- ✘ Tubenverschluß
- ✘ Büroklammern

für die lila Maske außerdem:
- ✘ Buntpapier

So wird's gemacht

Grüne Maske

Male große Ohren auf Plakatkarton. Schneide sie aus und klebe sie auf der Rückseite des Papptellers jeweils an den seitlichen Rand. Male die Maske mit Bastelfarbe an und lasse sie trocknen.

Schneide für die Augen zwei ovale Buntpapierscheiben und zwei kleine Pappkreise aus. Klebe um die Pappkreise Alufolie (von Bonbons oder Schokolade). Schneide für den Mund zwei Buntpapierkreise.

Für die Antennen knickst du Biegeplüsch in der Mitte. Auf die Enden steckst du Wattekugeln, auf die du einen Tropfen Klebstoff gegeben hast.

Sobald die Maske getrocknet ist, klebst du Augen, Mund und (Tubenverschluss-)Nase auf. Befestige die Antennen auf der Rückseite der Maske. Wenn du nun noch Ringelband-Haare anklebst und Büroklammer-Ohrringe ansteckst, ist Andromedus fertig.

Lila Maske

Die Galactica-Maske bastelst du – bis auf kleine Änderungen – wie die Andromedus-Maske. Du verwendest nur eine andere Farbe und malst diesmal spitze Ohren. Augen, Mund und Nase sind bei Galactica aus Buntpapier zugeschnitten und aufgeklebt.

Öfter mal was Neues

Heute Indianer, morgen Prinzessin und übermorgen vielleicht eine wunderschöne Blume?! Mit Klettkarton-Stirnbändern geht das. Einfach Stirnband zusammenkletten – passt genau. Motiv ankletten, abziehen, ein anderes ankletten... Einfach super.

Du brauchst

für das Prinzessin-Stirnband:

- Klettkarton
- Tonkarton
- Bleistift
- farbige Alufolie
- Bastelschere
- Bastelkleber

für das Indianer-Stirnband:

- Klettkarton
- bunte Federn
- Bastelschere

So wird's gemacht

Stirnband

Schneide zwei gleich breite Streifen Klettkarton zu. Verbinde sie, indem du die gerippten Enden ineinandersteckst. Sollte das Stirnband noch nicht richtig passen, kannst du die Teile wieder auseinanderziehen, kürzen und neu zusammenstecken.

Indianerschmuck

Stecke in die Rillen des Stirnbands bunte Federn oder gefundene Vogelfedern. Schneide verschiedene Formen aus Klettkarton und stecke sie auf das Stirnband.

Krone

Male eine Krone auf Tonkarton und schneide sie aus. Beklebe die Krone mit bunten Kügelchen aus Alufolie von Bonbon- oder Schokoladenverpackungen. Klebe auf die Rückseite der Krone ein kleines Klettkartonstück (Laufrichtung der Rillen beachten). Nun kannst du die Krone auf das Stirnband kletten.

Tipp

Bastle dir Kronen oder andere Motive in verschiedenen Farben und Größen. Klebe auf die Rückseite jeweils Klettkarton, so kannst du jeden Tag einen anderen Kopfschmuck tragen. Natürlich kannst du die Motive auch direkt aus Klettkarton schneiden.

Schatzkästchen

Sammelst du kleine Figuren, Stickerbilder, Glasmurmeln oder andere, wertvolle Stücke? Dann kannst du ein Tausend-und-eine-Nacht-Schatzkästchen oder das Natur-Schatzkästchen sicherlich gut gebrauchen.

Du brauchst

für beide Schatzkästchen:
- ✘ Kinderschuhkarton
- ✘ Tapetenkleister
- ✘ Bastelschere
- ✘ Krepp-Klebeband

für das Tausend-und-eine-Nacht-Schatzkästchen außerdem:
- ✘ Geschenkpapier
- ✘ (Schokoladen-)Goldtaler
- ✘ Flauschfedern
- ✘ Klebebildchen usw.
- ✘ UHU extra

für das Natur-Schatzkästchen außerdem:
- ✘ Packpapier
- ✘ Fundstücke aus der Natur
- ✘ UHU coll Holzleim

So wird's gemacht

Rühre etwas Tapetenkleister nach Packungsanweisung an. Schneide das Papier, mit dem du den Karton bekleben möchtest, in kleine Stücke. Bestreiche die Stücke mit Tapetenkleister und klebe sie rundherum auf Karton und Deckel. Lasse alles gut trocknen.

Setze den Deckel auf den Schuhkarton. Befestige ihn auf einer

Längsseite mit Krepp-Klebeband. Klappe den Deckel auf und fixiere ihn auch innen mit Klebeband. Über das Kreppband kleisterst du Papierstücke. Danach muss das Kästchen wieder trocknen.

Inzwischen legst du das Material für die Verzierung bereit. Sobald das Kästchen trocken ist, kannst du die Dekoration aufkleben.

Bilderrahmen-Werkstatt

Möchtest du eins deiner Bilder verschenken oder in deinem Zimmer aufhängen? Dann kommt es in einem passenden Rahmen natürlich besonders gut zur Geltung. Diese hier kannst du schon ganz alleine basteln.(Einen weiteren Bilderrahmen in einer anderen Technik findest du auf Seite 144)

Du brauchst

für den kleinen Moosgummirahmen:

- Moosgummiplatte, 3 mm dick
- quadratische Moosgummistanzteile
- Bastelschere
- UHU Kraft Alleskleber
- Klebepads

für den großen Moosgummi-Wechselrahmen:

- große Moosgummiplatte, mindestens 4 mm dick
- runde Moosgummistanzteile
- UHU Kraft Alleskleber
- Klebepads oder Pin-Nadeln

für den Kastanienrahmen:

- Wellpappe
- Kastanien
- UHU coll Holzleim
- Klebepads

für die Aufhängung

- Bilderösen

So wird's gemacht

Kleiner Moosgummirahmen

Schneide aus Moosgummi ein Quadrat. Klebe um den äußeren Rand Moosgummistanzteile, wie es dir am besten gefällt. Befestige das Bild mit Klebepads in der Mitte des Rahmens. Auf der Rückseite befestigst du eine Bilderöse.

Großer Moosgummirahmen

Befestige zuerst das Bild auf der Moosgummiplatte mit Klebepads oder mit Pin-Nadeln. Klebe um das Bild herum ein Motiv aus runden Moosgummistanzteilen. Bilderöse auf der Rückseite nicht vergessen.

Kastanienrahmen

Befestige dein Bild mit Klebepads in der Mitte der Pappe. Klebe die Kastanien um das Bild herum.
Zum Schluss klebst du eine Bilderöse auf die Rückseite.

Die Minitukaner

Wilder Westen. Wilde Mähnen. Kriegsbemalung? Aber nein. Es ist ganz anders. »Geht-gern-weit«, die Frau von Häuptling Minitu, war einkaufen. Sie hat Schminke in den neuesten Modefarben mitgebracht. Und die probieren die Indianer natürlich gleich aus.

Du brauchst

- Toilettenpapierrollen
- rosafarbenes Papier
- Filzplatten
- Wolle
- Bastelschere
- UHU extra
- Filzstifte

So wird's gemacht

Beklebe die Papprolle mit rosafarbenem Papier.

Schneide 5 cm breite Filzstreifen für die Bekleidung. Für die Indianerkinder zusätzlich 3,5 cm breite Streifen in einer anderen Farbe. Schneide die lange Seite der Filzstreifen in Abständen etwas ein, damit die Kleider schön fransig werden. Klebe die Filzkleider auf die Papprolle.

Nun bekommt dein Indianer eine wilde Mähne aus kleinen Wollstücken. Die klebst du an den oberen Rand der Pappröhre.

Lass' genügend Platz für das Gesicht oder kürze die Wollhaare auf Ponylänge. Für die Frisur der Häuptlingsfrau knüllst du eine Papierkugel und umwickelst sie mit Wolle. Die Wollkugel steckst du oben auf die Papprolle.

Schneide einen schmalen Filzstreifen für das Stirnband und klebe es um den Kopf. Stirnbandverzierung und Federschmuck fertigst du auch aus Filz.

Jetzt malst du das Gesicht. Zum Schluss schneidest du noch zwei Filzstreifen und zwei Kreise für Arme und Hände aus und klebst sie an.

Glitzernder Eismann

Ganz schön cool, der kleine Kerl. Was meinst du? Ob der frostige Geselle wohl weiß, wo die schöne Eisprinzessin wohnt? Psst, leise! Vielleicht flüstert er es dir ja ins Ohr.

Du brauchst

- ✘ Graupappe
- ✘ Bleistift
- ✘ Alufolie
- ✘ Stanniolpapier
- ✘ 4 Musterklammern
- ✘ Kordel
- ✘ Wattekugel
- ✘ Dosenmilchöffner
- ✘ Bastelschere
- ✘ UHU extra

So wird's gemacht

Male auf Graupappe einen großen Kreis für den Körper, einen kleinen für den Kopf, zwei Beine und zwei Arme. Schneide alles aus. Zerknülle Alufolie und streiche sie wieder glatt.

Schlage mit der Folie alle Teile einzeln ein. Den Kopf klebst du von vorn auf den Körper. Für die »frostigen« Finger und die »gefrorenen« Haare schneidest du Alufolienstreifen und rollst sie zu »Würstchen«.

Lege die Teile des Eismännchens auf eine feste Unterlage und steche mit dem Dosenmilchöffner Löcher zur Arm- und Beinbefestigung mit Musterklammern.

Außerdem stichst du noch die Löcher für die Kordelverbindung hinein. Befestige Arme und Beine mit Musterklammern am Körper. Klebe Finger und Haare an. Für Mund, Nase und Augen knüllst du das Stanniolpapier und klebst es auf.

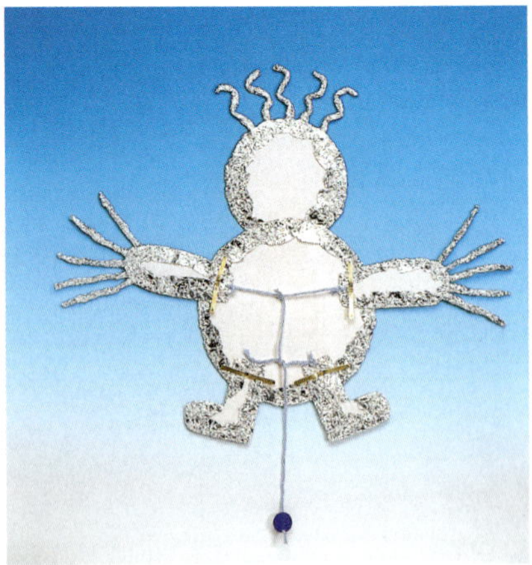

Auf der Rückseite des Eismännchens bringst du die Kordel so an, wie du es auf der Abbildung siehst. Zuletzt fädelst du eine Wattekugel auf die Zugschnur und verknotest das Ende.

Hallo, Kapitän!

Volldampf voraus! In diesem Luxusdampfer hast du viel Platz für allerlei Mal- und Bastelutensilien. Das schafft Ordnung und sieht prima aus.

Du brauchst

- Obstschale aus Pappe
- Schachtel
- Toilettenpapierrolle
- Wasserfarben
- Pinsel
- Buntpapier
- farbiges Papier
- Streichholzschachtel
- Bastelschere
- Tapetenkleister
- Bastelkleber

So wird's gemacht

Rühre etwas Tapetenkleister nach Packungsanweisung an. Bemale die Pappschale (Schiffskörper) und das Innere einer Streichholzschachtel (Aussichtsplattform) mit Wasserfarbe.

Während Schiffskörper und Aussichtsplattform trocknen, streichst du die Schachtel mit Kleister ein und umklebst sie mit buntem Papier. Beklebe die Papprolle für den Schornstein ebenfalls mit farbigem Papier. Schneide zwei Buntpapierstreifen und klebe sie um den Schornstein. Auf den getrockneten Schiffskörper klebst du Bullaugen aus Buntpapier.

Nun kannst du das Schiff zusammensetzen. Dazu klebst du die Schachtel in das Schiff. Darauf kommen Aussichtsplattform und Schornstein. Vielleicht findest du sogar noch ein paar passende Figuren in deiner Schatztruhe.

Süß, sauer und Rhabarberhut

Kennst du eigentlich schon den Unterschied zwischen süß und sauer? Wenn nicht, probier's doch mal mit einem kleinen Experiment:

Du brauchst

- Zucker
- Zitronenschnitze
- 2 kleine Schalen
- Rhabarber

So wird's gemacht

Fülle in ein Schälchen Zucker. In ein anderes legst du Zitronenschnitze.

Tunke einen angefeuchteten Finger ins Zuckerschälchen und stecke ihn in den Mund. Na, was schmeckst du? Merke, Zucker schmeckt süß!

Nimm jetzt aus dem anderen Schälchen ein Stück Zitrone und probiere vorsichtig, wie das schmeckt. Tja, man sieht es dir an. Also, Zitrone schmeckt sauer!

Fällt dir noch mehr Süßes und Saures ein? Wie ist es zum Beispiel mit Rhabarber?

Übrigens

Die großen Blätter von Rhabarberpflanzen kannst du wunderbar als Sonnenhut tragen.

Glückspüppchen

Borkepüppchen können Glück bringen, wenn du ganz fest daran glaubst. Und wirklich selbstgemacht müssen sie sein.

Du brauchst

- Kieferborke
- Taschenmesser
- Handbohrer

So wird's gemacht

Schnitze die Borke länglich-oval in Form. Arbeite dann nach und nach die Puppenform heraus: Kopf, Körper, vielleicht auch Arme und Beine. Wenn du mit deiner Puppenform zufrieden bist, bohrst du mit dem Handbohrer Löcher für Augen, Nase und Mund etwas vor. Die Feinheiten des Gesichts erledigst du wieder mit dem Taschenmesser.

Wichtig!

Damit du dir so einen Glücksbringer schnitzen darfst, musst du deinen Eltern natürlich versprechen – großes Indianerehrenwort mit Spucke – dass du beim Schnitzen vorsichtig bist und stets die drei obersten Schnitzregeln beachtest:

1. Regel: Niemals beim Schnitzen herumlaufen! Im Sitzen schnitzen.

2. Regel: Das Messer immer vom Körper weg führen!

3. Regel: Schnitzpause? Erst Messer zusammenklappen, dann herumlaufen!

Leinen los!

Angenommen, dieses Segelboot wäre deins. Neu und selbstgeschnitzt. Weiter angenommen, es schippert lautlos am Rande deines Lieblingsbaggersees entlang, und du bist der Kapitän. Fangen so nicht alle großen Abenteuer an? Bitte nicht die Schnitzregeln vergessen!

Du brauchst

- ✘ Kieferborke
- ✘ Taschenmesser
- ✘ Bleistift
- ✘ Schaschlikspieß
- ✘ 2 Nägel
- ✘ Kordel
- ✘ Plastiktüte
- ✘ Moosgummirest
- ✘ Hammer
- ✘ Handbohrer
- ✘ Bastelschere
- ✘ Bastelkleber

So wird's gemacht

Male den Umriss des Schiffsdecks auf die Borke. Schnitze dann nach und nach den Schiffskörper.

Bohre in die Mitte des Schiffsdecks ein Loch und klebe den Schaschlikspieß als Segelmast hinein.

Vorn und hinten am Schiff schlägst du je einen Nagel ein.

Binde an einen Nagel die Kordel. Führe sie zur Mastspitze, befestige sie und ziehe sie dann zum anderen Nagel. Dort verknotest du die Schnur.
Das Segel schneidest du aus einer Plastiktüte und klebst es an Schaschlikspieß und Kordel fest. Die Flagge schneidest du aus einem Moosgummirest und klebst sie ganz oben an den Mast.

Tippel-tappel, kribbel-krabbel

Schönes Wetter. Ausflugstag. Alles, was Beine hat, ist unterwegs. Hier ein Mäusepaar. Dort zwei Raupen auf dem Weg zur Blattsalatparty. Drüben ist gerade die Reisegruppe der Käfer aus Glückstal eingetroffen. Die starten allerdings gleich wieder zu einem Rundflug über die Wiesen.

Du brauchst

für alle Tiere:
- Obstpaletten aus Pappe
- Biegeplüsch
- Bastelschere
- Seitenschneider
- Dosenmilchöffner
- UHU extra

für die bemalten Tiere außerdem:
- Bastelfarbe
- Pinsel

für die beklebten Käfer außerdem:
- Krepppapier

So wird's gemacht

Bemalte Marienkäfer

SchneideTeilstücke einer Obstpalette aus und bemale es. Schneide 5 cm lange Biegeplüschbeine, biege die Enden rund und klebe sie auf die Unterseite.

Schneide zwei 5 cm lange Fühler aus Biegeplüsch, bohre mit dem Dosenmilchöffner zwei Löcher, stecke die Fühler durch und klebe sie fest.

Bemalte Maus

Für die Maus eignet sich am besten ein spitz zulaufendes Stück aus einer Kiwi-Palette.Für den Schwanz schneidest du vom Biegeplüsch 7 cm ab, ringelst ihn und klebst ihn an der Unterseite fest.

Bemalte Raupe

Schneide mehrere zusammenhängende Teilstücke aus einer Obstpalette und bemale den Raupenkörper. Schneide 8 cm lange Biegeplüschbeine und knicke die Enden 1 cm um. Die Beine klebst du an die Unterseite.

Schneide zwei 8 cm lange Biegeplüschfühler und drehe die Enden schneckenförmig. Bohre mit dem Dosenmilchöffner zwei Löcher in den Kopf, stecke die Fühler durch und klebe sie fest. Zum Schluss klebst du noch Stücke aus Biegeplüsch für Nase und Maul an.

Beklebte Marienkäfer

Schneide ein Stück aus einer Obstpalette aus. Knülle kleine quadratische Krepppapier-Stücke zu kleinen Kugeln und klebe sie auf. Schneide 6 cm lange Biegeplüsch-Beine, biege die Enden rund und klebe sie an die Unterseite.

Schneide zwei 6 cm lange Fühler aus Biegeplüsch und biege die Enden rund. Nun bohrst du zwei Löcher in den Kopf, steckst die Fühler durch und klebst sie fest.

Schon entdeckt?

Beim Käfertrio hat sich heimlich ein echter Marienkäfer aufs Foto gemogelt.

Grüne Eierköpfe

Sehen die drei nicht witzig aus? Sie haben Haare aus Kresse. Und wenn die so weiterwächst, kannst du bald Friseur spielen.

Du brauchst

- Eierschalen
- Kressesamen
- Watte
- Knete
- Alufolie

So wird's gemacht

Forme aus Knete flache Eierständer und setze die Schalen hinein. Nun formst du Augen, Mund, Nase, Ohren und Hörner aus Knete und drückst die Knetteile vorsichtig auf die Eierschalen.

Stecke in die leeren Schalen angefeuchtete Watte und verteile darauf Kressesamen. Darüber legst du Alufolie. Sobald die Kresse zu keimen beginnt, kannst du die Folie entfernen. Damit die Kresse gut wachsen kann, musst du die Watte immer feucht halten. Schon nach wenigen Tagen hast du grüne, witzige Eierköpfe am Fenster stehen.

Bohnen wachsen nicht in Dosen

...sondern im Gemüsebeet im Garten. Aber wenn du einmal erleben möchtest, wie aus einer kleinen Bohne ganz schnell eine große Pflanze wird, dann wachsen Bohnen auch im Tontopf. In einem fantasievoll bemalten sieht dein selbstgezogenes Pflänzchen natürlich am schönsten aus.

Du brauchst

- Tontopf
- Bastelfarbe
- Klarlack
- Pinsel *oder* wasserfeste Wachsmalstifte
- Bohnensamen
- Blumenerde
- Pflanzenstab
- Gießkanne

So wird's gemacht

Bemale zuerst den Blumentopf mit Bastelfarbe oder Wachsmalstiften. Fülle Blumenerde in den Topf, stecke 2 bis 3 Bohnensamen hinein und gieße etwas Wasser darüber.

Gießen musst du nun regelmäßig jeden Tag. Schon nach wenigen Tagen siehst du die erste grüne Spitze aus der Erde sprießen. Stecke jetzt den Pflanzenstab in die Erde, an dem die Bohne schon bald emporranken kann. Du wirst staunen, wie fix sich die kleine Bohne entwickelt.

So sieht ein Bohnenkeimling aus, wenn er aus der Erde geholt wird.

Hoch in der Luft

… fühlen sich Drachen und Schmetterlinge natürlich besonders wohl. Aber bei dir, in einer wunderschönen Pflanze, die vielleicht auch noch herrlich duftet, gefällt es diesen beiden sicherlich ebensogut. Erst recht, weil du sie ganz alleine gebastelt hast.

Du brauchst

für beide Blumenstecker
- Moosgummi
- Bastelschere
- UHU Kraft Alleskleber
- Pflanzenstab
- evtl. Papier und Bleistift

für den Drachen außerdem:
- Wolle oder Topflappengarn
- farbige Plastiktüten

für den Schmetterling außerdem:
- runde Moosgummi-Stanzteile
- Biegeplüsch

So wird's gemacht

Drachen-Blumenstecker

Entweder zeichnest du den Umriss eines Drachens direkt auf Moosgummi und schneidest ihn aus. Oder du faltest dir eine Schablone wie auf Seite 64 beschrieben. Lege die Drachenschablone auf das Moosgummi, umfahre den Umriß mit Bleistift und schneide die Form aus.

Schneide Mund, Nase, Augen und Augenbrauen aus Moosgummi und klebe alles auf.

Für Drachenschwanz und Schleifen schneidest du Streifen aus Plastiktüten. Vielleicht hilft dir beim Schleifenbinden ein Erwachsener. Klebe die fertigen Schleifen rechts und links an den Rand des Drachengesichts.

Knote die Schwanzstreifen nacheinander an die Wolle. Ist der Schwanz lang genug, ziehst du den Wollfaden mit einer Nadel vorsichtig durch die untere Spitze des Drachens und verknotest ihn. Zum Schluss klebst du noch den Pflanzenstab auf die Rückseite.

Schmetterling-Blumenstecker

Zeichne den Umriss eines Schmetterlings auf Moosgummi und schneide ihn aus.

Klebe Moosgummi-Stanzteile als Schmetterlingskörper und Flügelverzierung auf. Knicke Biegeplüsch in der Mitte und forme die Enden schneckenförmig.

Zum Schluss klebst du Fühler aus Biegeplüsch und Pflanzenstab auf die Rückseite.

Flotte Flöte

Hast du Töne? Na klar. Dieses wunderbare »Musikinstrument« ist nur schwer zu überhören. Schon nach wenigen Versuchen beherrschst du es perfekt. Gespielt wird so: Spitze den Mund und summe die Melodie durch den Schlitz. Stimmt genau. Es ist so ähnlich wie beim Blasen auf dem Kamm.

Du brauchst

- leere Küchenrolle
- Butterbrotpapier
- selbstklebende Hologrammfolie
- Chenilledraht
- Flauschfedern
- Metallic-Pompon
- Bastelschere
- UHU extra
- Bleistift

So wird's gemacht

Schneide aus Butterbrotpapier zwei Kreise, deren Durchmesser etwas größer sind als die Enden der Küchenrolle. Klebe je einen Kreis über die beiden offenen Enden der Küchenrolle. Zerschneide ein Stück Hologrammfolie in Quadrate. Beklebe damit nach und nach die gesamte Küchenrolle.

Jetzt wird's ein bisschen verzwickt. Vielleicht hilft dir hier ein Erwachsener. Damit die Flöte funktioniert, müssen mit der Schere zwei Schlitze in die Küchenrolle geschnitten werden, und zwar einer vorne rechts, der andere hinten links. Beide Schlitze beginnen zirka 4 cm vom Röhrenende und sind etwa 2 cm lang. Die Schlitze liegen sich jetzt diagonal gegenüber.

Für die Verzierung der Flöte biegst du zwei Chenilledrähte um die Küchenrolle und verzwirbelst sie in der Mitte. Die Flauschfedern befestigst du, indem du ein Stück Chenilledraht um den Federkiel wickelst. Die restlichen Stücke wickelst du nacheinander auf einen Bleistift, damit sie die schöne Spiralform bekommen. Zum Schluss klebst noch den Pompon auf.

Ans Werk!

Nageln, bohren, sägen, feilen – das alles kannst du schon. Wie wäre es also mit einem Nagelbild oder den beiden flinken Mäuschen? Die gelingen dir bestimmt.

So wird's gemacht

Einfaches Nagelbrett

Schlage Nägel an beliebigen Stellen ins Holz ein. Versuche, den Nagel dabei nicht komplett in das Holzstück hineinzuklopfen. Krummgeschlagene Nägel entfernst du mit der Kneifzange.

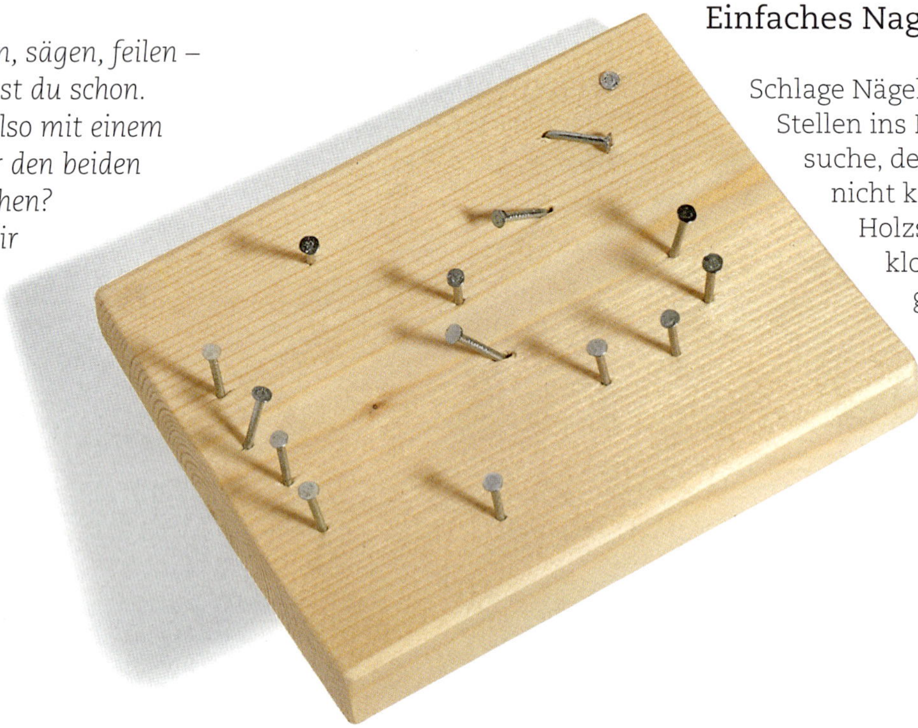

Du brauchst

Grundmaterial:

- ✘ Fichten- oder Kiefernholz
- ✘ Schraubzwinge oder Schraubstock
- ✘ Nägel mit Köpfen
- ✘ kleinen Hammer
- ✘ Kneifzange
- ✘ Bleistift

für die Holzmäuse außerdem:

- ✘ kleine Universalsäge (PUK-Säge)
- ✘ Holzraspel
- ✘ Holzfeile
- ✘ Lederreste
- ✘ Schere
- ✘ Handbohrmaschine (4-mm-Bohrer)
- ✘ Schmirgelpapier (mittel)
- ✘ UHU coll Holzleim

Nagelbrett für Geübte

Zeichne auf ein Stück Holz ein Motiv. Schlage die Nägel nur entlang der Umrisslinien ein.

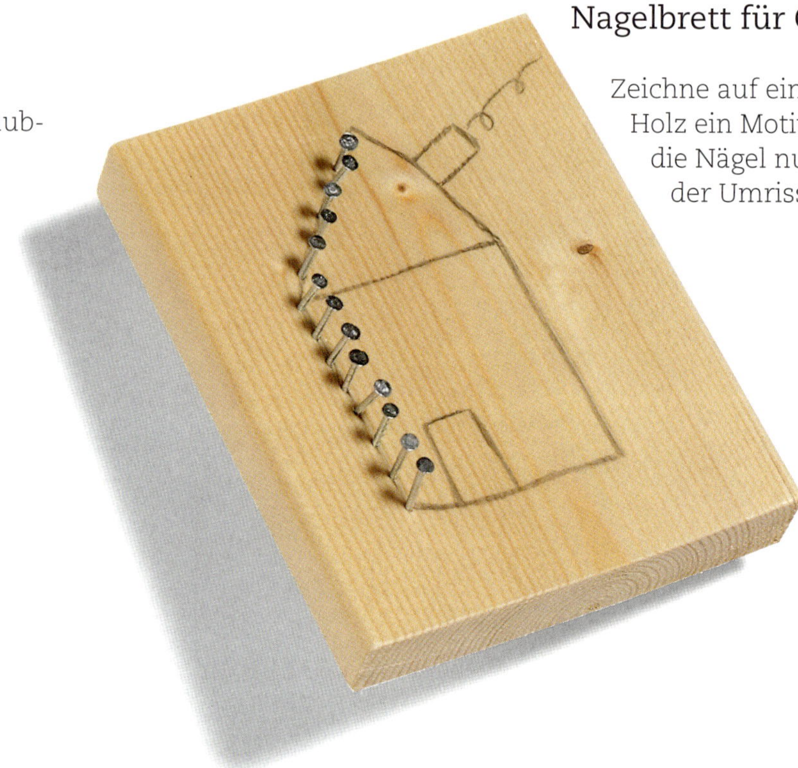

Holzmäuse

Säge von der eingespannten Holzleiste ein Stück für den Körper ab. Wie sieht eine Maus aus? Vorne spitz, hinten stumpf. Das stumpfe Hinterteil hast du bereits.

Zum Abflachen des Kopfes verwendest du Raspel und Feile: die Holzraspel für die Grobarbeit, die Holzfeile für die Feinarbeit. Wenn du mit der Kopfform zufrieden bist, rundest du alle Ecken und Kanten der Maus mit der Feile ab. Dafür musst du das Werkstück mehrfach neu einspannen.

Jetzt müssen die Löcher für Ohren und Schwanz gebohrt werden. Markiere die Stellen vorher mit Bleistift. Danach erfolgt der Feinschliff des Körpers mit Schleifpapier. Schmirgle dein Mäuschen so lange, bis es sich schön schmeichelnd anfühlt.

Schneide aus Lederresten Ohren und Schwanz und klebe alles mit Holzleim in die Bohrungen.

Zum Schluß markierst du die Stellen für die Augen und schlägst die Nägel ein.

Um die Kopf form herauszuarbeiten, spannst du das Holzstück neu ein und sägst links und rechts (jeweils leicht schräg) ein Stück ab. Am besten markierst du vorher mit Bleistift, wo du sägen musst.

Merke Dir:

1 Werken nur mit Erwachsenen!
2 Werkzeug ist kein Spielzeug!
3 Werkstücke immer einspannen!
4 Kinder dürfen Werkzeug mit beiden Händen halten.
5 Pause? Werkzeug bleibt am Arbeitsplatz!

Material sammeln – lustige Tiere basteln

Eene, meene, miste – sammeln in der Kiste.

Augen auf im Haushalt! Dort findest du allerhand Material, mit dem du prima basteln kannst. Zum Beispiel leere Spülmittelflaschen, Toilettenpapier- und Küchenrollen, Korken, Joghurtfläschchen, Eierkartons, Milchkartons usw.

Besorge dir beim Gemüsehändler eine Obstkiste und sammle darin dein Bastelmaterial. Wenn du die Kiste mit Bastelfarben bunt anmalst, sieht deine »Bastelschatzkiste« natürlich viel schöner aus.

Beim Obsthändler erhältst du auch die Pappmaché-Böden aus den Obstkisten, die es in unterschiedlichen Formen für Äpfel, Orangen, Kiwis usw. gibt. Ausgeschnitten sind sie das Grundmaterial für viele Basteleien.

Natürlich wirst du nicht alles im Haus oder in deiner Bastelkiste finden oder jedenfalls nicht genug. Dann musst du natürlich einiges dazu kaufen.
Wenn du dann irgendwann mal keine Lust mehr an den gebastelten Sachen hast, baust du alles auseinander. Die Schwämme wandern z. B. in die Küche, die Wackelaugen und ähnliche Teile in deine Bastelkiste zur Wiederverwendung.

Glückliches Schweinchen

Wenn draußen die Sonne scheint und überall die bunten Blumen blühen, dann gibt es für das kleine Schweinchen keinen schöneren Ort auf der ganzen Welt, als den bequemen Stuhl in der Lieblingsecke im Garten.

Du brauchst

- Putzschwamm in Rosa
- Zwirn
- Wackelaugen, 5 mm Ø
- Moosgummi in Weiß und Rosa
- UHU Neon Glue in Pink
- Je 2x Plüschpompons in Weiß, je 10 mm und 25 mm Ø

So wird´s gemacht

Entferne die raue Putzseite. Binde den Schwamm in der Mitte mit Zwirn ab. So teilst du Kopf und Körper. Zwei kleine Ecken als Ohren abbinden.
Das Schweineschnäuzchen entsteht so: Schneide einen rosa Kreis (15 mm Ø) und zwei kleine weiße Kreise (5 mm Ø) aus Moosgummiresten.

Die Teile aufeinander und an den Kopf kleben. Den Mund malst du mit pinkfarbenem Neon Glue.

Wenn die Farbe getrocknet ist, klebst du die weißen Plüschpompons als Beine auf, die kleinen oben und die größeren unten.

Vielleicht hast du vom Eis essen noch ein Schirmchen aufgehoben. Dann kann sich das Schweinchen unter dem Schattenspender in der Sonne räkeln..

Alle meine Entchen

Drei süße blaue Entchen plantschen hier im See. Ob es wohl ihr erster Ausflug ohne die Mutter ist?

Du brauchst

- Putzschwämme in Blau
- Zwirn
- Bastelfarbe in Gelb
- Chenilledraht in Gelb
- Wackelaugen, 10 mm Ø
- Bastelschere
- Pinsel
- Klebstoff

So wird´s gemacht

Die Entchenkörper bestehen nur aus Schwämmen, von denen der raue Putzkörper gerissen wurde. Die Schwämme werden durch Abbinden mit dem Zwirn geformt.

Für den Schnabel wird eine kleine Ecke abgebunden, für Kopf und Körper die Mitte des Schwamms. Der Schnabel wird schön gelb angemalt.

Vom Chenilledraht schneidest du 10 cm ab, biegst ihn zu einer Schlaufe und verzwirbelst die Enden. Das sind die Flügel. Sie werden ebenso wie die Augen aufgeklebt.

Faule Mieze

Selbst die wildesten Stubentiger brauchen einmal eine Pause. Die niedliche Mieze hat alle Viere von sich gestreckt und fühlt sich »pudelwohl« auf ihrem Lieblingsplatz.

Du brauchst

- Putzschwamm in Grün, Blau und Rosa
- Zwirn
- Wackelaugen, 10 mm Ø
- Chenilledraht in Pink
- Krepppapier in Blau
- Moosgummi in Rot
- Bastelschere
- Klebstoff

So wird´s gemacht

Entferne von allen Schwämmen die rauhe Putzseite. Schneide vom grünen Schwamm 2 cm ab. Du erhältst ein Quadrat. Das wird der Kopf. Binde mit Zwirn zwei Ohren ab.
Klebe die Wackelaugen auf. Rolle schmale Kreppstreifen zu Schnüren und klebe sie als Schnurrhaare auf. Klebe einen Moosgummikreis als Nase auf und den fertigen Kopf auf den blauen Schwamm.
Für die Beine schneidest du den rosa Schwamm quer in vier gleichgroße Stücke. Schneide jedes Bein etwas rund zurecht. Zerschneide das verbliebene Stück vom grünen Schwamm in vier gleiche Teile. Runde die »Pfoten« mit der Schere etwas ab und klebe sie an die Beine. Befestige die Beine mit Klebstoff.
Schlafe gut, Mieze!

Wilde Löwen

Majestätisch trotten die zwei wilden Löwen durch ihr Revier. Ab und zu erschrecken sie die anderen Tiere mit lautem Löwengebrüll. Dabei suchen sie eigentlich nur ein schönes Plätzchen für ein ausgiebiges Mittagsschläfchen.

Du brauchst

- Sektkorken
- Bastelfarbe in Hellbraun
- Filz in Hellbraun
- Chenilledraht in Hellbraun
- Wackelaugen, 5 mm Ø
- Perlonschnur
- UHU Neon Glue in Orange
- Filzstift in Schwarz
- Klebstoff
- Pinsel
- Bastelschere

So wird's gemacht

Zuerst malst du den Korken mit hellbrauner Bastelfarbe an. Schneide für die Löwenmähne ein 2,5 x 10 cm großes Stück hellbraunen Filz. Die Ränder fransig einschneiden.

Wie eine Halskrause klebst du den Filzstreifen um das dicke Teil des Korkens.

Für die Schnurrhaare wird die Perlonschnur in kleine Stücke geschnitten und festgeklebt. Jetzt können auch schon die Wackelaugen befestigt werden. Male die Schnauze mit schwarzem Filzstift, und mit Neon Glue gibt es einen Farbpunkt als Näschen. Die Farbe gut trocknen lassen.

Für die Ohren wickelst du 9 cm hellbraunen Chenilledraht schneckenförmig und klebst sie an. Für die Beine schneidest du zwei 12 cm lange Chenillestücke, die in der Mitte geknickt werden. Die Enden als Füße schneckenförmig einrollen. Alle Beine am Korkkörper ankleben.

Für den Schwanz schneidest du 8 cm Chenille ab und klebst ihn, an einem Ende leicht gerollt, hinten auf den Korken.

Die Löwen können jetzt brüllen, aber vor denen musst du keine Angst haben.

Tipp

Stecke den Korken zum Bemalen auf einen Holzspieß und lasse ihn in einem Glas trocknen.

Elefanten-Konzert

Vorlagen Seite 153

Täräää trötet Simba, Töröö trötet Jumbo. Täräää und Töröö, Täräää und Töröö trompeten beide Elefanten um die Wette, bis ihnen die Puste ausgeht. Dazu schwingen sie ihre Rüssel im Takt.

Du brauchst

- Toilettenpapier-Rollen
- Bastelfarbe in Hellblau und Hellgrau
- Tonkarton in Rosa und Blau
- Chenilledraht in Lila, Gelb und Rot
- Wackelaugen, 12 mm Ø
- Bastelschere
- Klebstoff
- Stift (Bleistift, langer Kugelschreiber o.Ä.)

So wird´s gemacht

Du beginnst mit dem Bemalen der Toilettenrollen in Hellblau und Hellgrau. Übertrage von der Vorlage die Muster für die Ohren und Füße auf Tonkarton. Alles ausschneiden. Klebe Ohren und Füße an und auch die Wackelaugen. Den richtigen Sitz erkennst du auf dem Bild.

Der gebogene Rüssel entsteht so: Du wickelst den Chenilledraht als enge Spirale um einen Stift. Ziehe den Draht vorsichtig ab. Du hast jetzt eine langen wulsigen Rüssel, den du zwischen die Augen klebst. Zum Maul werden 4 cm vom roten Chenille genommen.

Hörst du schon das Trompeten der Elefanten?

Frecher Gockel

Vorlagen Seite 153

Kleine Erfrischung gefällig? Kein Problem. Mit Wasser gefüllt spritzt der freche Gockel zielsicher kühles Nass auf jeden, der vorbei kommt.

Du brauchst

- Sprühflasche, leer
- Moosgummi in Rot, Gelb und gemustert
- Chenilledraht in verschiedenen Farben
- Wackelaugen, 20 mm Ø
- Bastelschere
- Kraftkleber

So wird´s gemacht

Du überträgst von der Vorlage Füße, Flügel und Hahnenkamm auf die entsprechenden farbigen Moosgummiteile und schneidest alles aus. Am Hahnenkamm werden an der langen Seite die »Kammzähne« fransig eingeschnitten. Klebe alle Teile wie auf dem Foto fest.

Nimm für die Halsfedern ein 14 x 5 cm großes Moosgummistück und schneide Fransen für die Halskrause ein, die du um den Flaschenhals klebst. Für den Hahnenschwanz knickst du in der Mitte 6 bunte Chenilledrähte. Bilde ein Büschel, indem du am Knick die Drähte mit einem kleinen Stück Chenille zusammen bindest.
Biege die »Schwanzfedern« in Form und klebe sie hinten an der Sprühflasche fest.
Wenn zum Schluß die Wackelaugen angeklebt sind, hast du einen Wasser spuckenden Hahn..

Tipp

Vor dem Basteln - und bevor der Hahn »spucken«darf - die Flasche gründlich ausspülen..

Biene Mjam-mjam

Vorlagen Seite 154 und 155

Die Biene Mjam-mjam ist wirklich eine kleine Naschkatze. Den ganzen Tag denkt sie nur an Honig und schlürft mit einem Trinkhalm süßen Nektar aus bunten Blüten.

Du brauchst

- Joghurtfläschchen
- Wattekugel, 50 mm Ø
- Wackelaugen,10 mm Ø
- Chenilledraht in Rot, Weiß und Schwarz
- 2 Holzperlen in Rot
- Filz in Gelb und Schwarz
- Moosgummi in Weiß
- Bastelfarbe in Gelb
- Pinsel
- Bastelschere
- Klebstoff

So wird´s gemacht

Die Wattekugel wird auf die Öffnung des Joghurtfläschchen geklebt. Alles wird gelb angemalt.

Das Muster für das Kleid wird auf den gelben und das Streifenmuster auf schwarzen Filz übertragen. Alles nach Vorlage ausschneiden und die Streifen aufkleben.

Jetzt legst du das Kleid um das Fläschchen und klebst die Naht hinten zusammen.

Klebe die Wackelaugen und 3,5 cm Chenilledraht als Mund auf.

Für die Fühler werden zwei 7 cm lange weiße Chenillestücke abgeschnitten, an deren Enden je eine rote Perle aufgeklebt wird. Befestige die Fühler auf dem Kopf.

Schneide vom schwarzen Chenille für die Hände je 4 cm und für die Arme je 8 cm ab. Verzwirbele die »Handstücke« etwa 1 cm vom Rand des »Armstücks« und klebe sie seitlich fest. Übertrage das Muster Flügel von der Vorlage auf Moosgummi, schneide sie aus und klebe sie hinten am Kleid fest.

Die Biene freut sich schon aufs Honig schlecken.

Ferdinand Frosch

Zu Hause ist´s doch immer noch am schönsten, denkt Ferdinand Frosch und macht es sich auf einem großen grünen Blatt bequem. Er lebt gerne hier im Teich. Und mal ehrlich, hättest Du nicht auch gern ein Schwimmbad direkt vor der Haustür.

Du brauchst

- ✘ Spülmittelflasche
- ✘ Fensterfarbe in Grün
- ✘ Chenilledraht in Rot
- ✘ Wackelaugen, 20 mm Ø
- ✘ Plastiktüte oder -folie in Grün
- ✘ Bastelschere
- ✘ Klebstoff
- ✘ Klebefilm

So wird´s gemacht

Male die Spülmittelflasche mit grüner Fensterfarbe an. Wenn die Farbe getrocknet ist, klebst du die Wackelaugen und für das Froschmaul ein rotes Stück Chenilledraht auf.

Für die Arme und Beine schneidest du vier rechteckige Stücke aus dem grünen Plastikbeutel. Du raffst sie zu Armen und Beinen zusammen. Etwa 2 bis 3 cm vor einem Ende mit einem Klebefilm abbinden. Das ergibt die ausgefransten Froschfinger.

Abschließend werden Arme und Beine mit Klebstoff am Froschkörper befestigt.

Hoppla, jetzt kann Ferdinand Frosch dich anstrahlen.

Listiges Kätzchen

Mucksmäuschenstill sitzt die Katze nun schon eine ganze Weile und wartet auf Spielkameraden. Mit soviel List haben die drei unvorsichtigen Mäuse bestimmt nicht gerechnet.

Du brauchst

- Putzschwamm in Gelb
- Zwirn
- Wackelaugen, 10 mm Ø
- Juteband in Grün (andere Farben gehen auch)
- 2 Marionettenschuhe (man kann auch ein kleines Holz-/Styroporei halbieren)
- 2 flache Holzperlen in Blau
- Bastelfarbe in Rot
- Chenilledraht in Gelb
- Streuteil-Herz in Rot
- Bastelschere
- Klebstoff
- Pinsel

So wird´s gemacht

Um Kopf und Körper zu erhalten, bindest du den Schwamm in der Mitte mit Zwirn ab. Zwei Ohren am Kopfteil abbinden. Klebe die Wackelaugen auf. Als Schnurrhaare werden aus dem Juteband drei Fäden gezupft, verknotet und ins Gesicht geklebt.

Male die Marionettenschuhe rot an. Vom gelben Chenilledraht werden je zweimal 6 cm für die Arme und 11 cm für die Beine abgeschnitten. Die Arme werden seitlich und die Beine unten am Schwamm festgeklebt. Die Holzperlen steckst du als Hände auf, die Schuhe befestigst du mit etwas Klebstoff an den Beinen. Ist das rote Herz aufgeklebt, kann die Mieze zur Kantenhockerin werden.

Tipp

Es gibt noch viele andere süße Holzstreuteile, mit denen du den Katzenpulli verzieren kannst.

Kunterbunte Kuh

Ihre Vorliebe für bunte Farben sieht man der Kuh Berta schon an der Nasenspitze an. Was meinst du, ob Berta auch bunte Milch gibt?

Du brauchst

- Joghurtfläschchen, breite Form
- Chenilledraht in Schwarz, Weiß, Blau
- Wellen-Chenilledraht in Orange
- Wackelaugen, oval, 15 mm Ø
- Glöckchen
- Geschenkbandrest in Rot
- Bastelfarbe in Schwarz
- Moosgummi in Rot
- Moosgummikreise in Orange
- Bastelschere
- Klebstoff
- Pinsel

So wird´s gemacht

Mit der schwarzen Farbe malst du beliebig Flecken als Kuhfell auf das Fläschchen. Ankleben kannst du auch schon die Wackelaugen und auf die Nase zwei orangefarbene Kreise aus Moosgummi.

Schneide ein Maul aus rotem Moosgummi und befestige es ebenfalls. Für die Hörner nimmst du 9 cm vom blauen Chenilledraht, knickst ihn in der Mitte und klebst ihn fest. Für die Ohren knickst du vom orangen Chenille jeweils ein Teilstück in der Mitte. Festkleben wie auf dem Bild.

Für den Schwanz schneidest du 12 cm vom blauen Chenille, rollst ihn etwas ein und klebst ihn fest. Verzwirbele je Beinpaar einen weißen und schwarzen Chenilledraht miteinander. Die gestreiften Chenilledrähte biegst du in der Mitte ab, die Enden rollst du als Füße schneckenförmig ein. Klebe die Beine unten am Kuhbauch an.

Ist das Glöckchen mit dem roten Geschenkband umgehängt, trabt eine glückliche Kuh auf die grüne Weide..

Putzmuntere Eule

Hu, hu, ruft die Eule. Dabei ist der Mond schon lange aufgegangen und auch das Sandmännchen war schon da. Aber die fidele Eule ist einfach noch nicht müde.

Du brauchst

- Milch- oder Saftkarton (mit Schraubverschluss)
- Mehrere Eierkartons
- Bastelfarbe in Braun, Rot, Gelb, Orange und Schwarz
- Pinsel
- Klebstoff
- Bastelschere

So wird´s gemacht

Den Körper der Eule bildet der Saft- oder Milchkarton. Braun anmalen.
Fürs Gesicht schneidest du aus dem Eierkarton ein Endstück mit Spitze. Schneide noch zwei spitze Stücke aus, die in der Mitte geteilt werden. Zwei Teile werden zu Ohren , die zwei anderen werden orange bemalt zum Schnabel. Alle Teile ankleben. Male gelbe Augenhöhlen und schwarze Pupillen. Das fertige Gesicht auf den Milchkarton kleben.

Die Federn (8 Stück) werden aus den glatten Seitenflächen von Eierkartons gerissen und rot angemalt.

Wenn du Probleme mit der Federform hast, zeichne die Umrisse nach einer echten Feder (vielleicht aus dem Indianerkostüm?). Klebe je vier als Flügel zusammen und befestige sie seitlich. Reiße nochmals sechs schmale Streifen und bemale sie orange. Je drei zusammen geklebt bilden einen Krallenfuß.

An der Unterseite des Kartons fest geklebt, steht die Eule sicher auf ihren Beinen und kann putzmunter in der Nacht auf Beute lauern.

Fleißiges Backenhörnchen

Im Herbst hat das Backenhörnchen alle Hände voll zu tun. Dann sammelt es allerlei Nüsse als Proviant für den Winter. Was meinst du, ob es den vollen Korb ganz alleine tragen kann?

Du brauchst

- Küchenrolle
- Eierkarton
- Wackelaugen, 15 mm Ø
- 15 cm Strickschlauch, 6 cm breit
- 25 cm Strickschlauch, 1 cm breit
- 4 Chenilledrähte in Gelb, je 50 cm
- Plüschpompons in Rot und Blau, 25 mm Ø
- Bastelfarbe in Gelb
- Stift (Bleistift, langer Kugelschreiber o. Ä.)
- Pinsel
- Schere
- Klebstoff

So wird's gemacht

Schneide für den Kopf ein Endstück aus dem Eierkarton, wie du es auf dem Foto erkennen kannst.

Aus zwei Teilstücken schneidest du die Ohren und klebst sie am Kopf fest. Wenn du den Kopf auf der Rolle festgeklebt hast, ist der Körper des Backenhörnchens fertig.

Male alles gelb an. Trocknen lassen. Für das Gesicht: Wackelaugen und Pomponnase aufkleben.

Und jetzt der Anzug: Streife den breiten Strickschlauch von unten über die Rolle. Jeder Arm mit drei Fingerschlaufen entsteht aus einem Stück Chenilledraht:

Zuerst den Draht in der Mitte knicken. So hast du die erste Schlaufe.

Biege noch zwei Schlaufen daneben. Die Hand ist fertig.

Die parallel liegenden Enden des Drahtes werden zur Stabilisierung verzwirbelt. Die Arme werden in die schmalen Strickschläuche (selbst gemacht mit der Strickliesel?) gesteckt und hinten am Pulli befestigt. Kragen und Ärmel an den Enden etwas einrollen.

Für den Schwanz verzwirbelst und verklebst du zuerst zwei Chenilledrähte miteineinander. Diese werden eng um einen Stift gewickelt. Abgezogen hast du einen spiraligen Schwanz, der hinten auf der Rolle befestigt wird. Das Schwanzende ziert ein aufgeklebter blauer Pompon.

Das Backenhörnchen darf jetzt die Nüsse knacken.

Max und Mini Maus

Max und Mini Maus haben heute keine Lust, den ganzen Tag in ihrem Mauseloch zu sitzen. Deshalb haben sie sich schick angezogen auf den Weg gemacht, um in der Stadt tanzen zu gehen.

Du brauchst

- Sektkorken und Weinkorken
- Bastelfarbe in Lila und Gelb
- Holzspieße (Streichhölzer oder Zahnstocher)
- Wackelaugen, 7 mm Ø
- Bast in Gelb, Orange und Rot
- Dekoketten-Rest
- Moosgummistanzteile kreis- und tropfenförmig
- Pinsel
- Küchenmesser und Schneidebrett
- Prickelnadel
- Bastelschere
- Klebstoff

So wird´s gemacht

Vom Weinkorken für jede Maus zwei Scheiben als Ohren und für die Schuhe eine weitere Scheibe, etwa 2 cm breit, abschneiden und in der Mitte teilen. Zum Aufstecken der Schuhe und Ohren auf Holzspieße und zum Befestigen der Beine und Ohren an den Körper aus Sektkorken bohrst du mit der Prickelnadel Löcher vor. Male eine Maus gelb, die andere lila an.

Klebe die Wackelaugen und die Schnurrhaare aus Bastfäden an. Die Mäusefrau erhält einen Rock aus tropfenförmigem Moosgummi, ebenfalls aufgeklebt. Ein Stück Dekokette wird um den Hals gelegt und hinten festgeklebt. Der Mäusemann bekommt eine Schleife aus Bast.

Schneide für die Arme je zweimal 4 cm vom Chenilledraht in Pink und Blau ab. Rolle ihn vorne schneckenförmig ein. Die Arme werden seitlich angeklebt.

Wenn dann die bunten Kreise aus Moosgummi auf den Schuhen sitzen, können die Mäuse tanzen gehen.

Süße Hasen - schnell gemacht

Die bunten Hasen machen Spaß - und das nicht nur zur Osterzeit! Eins-zwei-drei-bringen sie ein Ei!

Du brauchst

- Joghurtfläschchen
- Knete in verschiedenen Farben
- Krepppapierstreifen
- Wackelaugen

Tipp

Für die bunt marmorierte Knete verknetest du zwei oder mehr Stücke verschiedenfarbiger Knete miteinander.

So wird´s gemacht

Stelle das Joghurtfläschchen auf den Kopf. Die Hasenohren formst du aus bunter Knete und drückst sie auf dem Fläschchen fest. Rolle dünne »Würste«, die geringelt und übereinander als Lockenfrisur befestigt werden. Die Wackelaugen werden diesmal nicht angeklebt, sondern mit Knete am Fläschchen fest gedrückt.

Dann rollst du das Krepppapier zu Schnüren. Sie werden als Schnurrhaare ebenfalls mit Knete befestigt.
Forme eine kleine Kugel als Nase und setze sie auf die Schnurrhaare. Zwei Arme und zwei Kugeln für die Füße entstehen aus Knete und werden fest ans Fläschchen gedrückt.

Das Osterfest kann kommen!

Cleverer Pinguin

Vorlagen Seite 154

Pit Pinguin findet es richtig cool, wenn es draußen eisig kalt ist und jede Menge Schnee liegt. Nur Schnupfen, den mag Pit gar nicht. Deshalb zieht er zum Spielen immer einen warmen Schal und seine kuscheligen Ohrenschützer an.

Du brauchst

- Joghurtfläschchen
- Styroporkugel, 50 mm Ø
- Tonkarton in Orange und Schwarz
- Wackelaugen, 15 mm Ø
- 35 cm Strickschlauch, 1 cm breit
- Chenilledraht in Gelb und Rot
- Bastelfarbe in Schwarz
- Pinsel
- Bastelschere
- Klebstoff

So wird´s gemacht

Das Joghurtfläschchen ist der Piguinkörper und wird bis auf die weiße Bauchpartie schwarz angemalt. Die Styroporkugel wird der Kopf und wie auf dem Bild ebenfalls schwarz angemalt.

Dort, wo die Wackelaugen angeklebt werden, bleibt ein ovaler weißer Raum frei. Sind beide Teile getrocknet, die Wackelaugen auf die Kugel und diese auf das Fläschchen kleben.

Schnabel, Flügel und Füße von der Vorlage auf gelben bzw. schwarzen Tonkarton übertragen, ausschneiden (den Schnabel entlang der gestrichelten Linien knicken) und aufkleben. Den Strickschlauch um den Hals knoten.

Für die Ohrenschützer rollst du schneckenförmig zwei 20 cm lange rote Chenillestücke und klebst zwischen die roten Kreise ein 12 cm langes Stück gelben Chenilledraht als Halterung. Hast du dem Pinguin die Ohrenschützer aufgesetzt, darf er in der Kälte spazieren gehen.

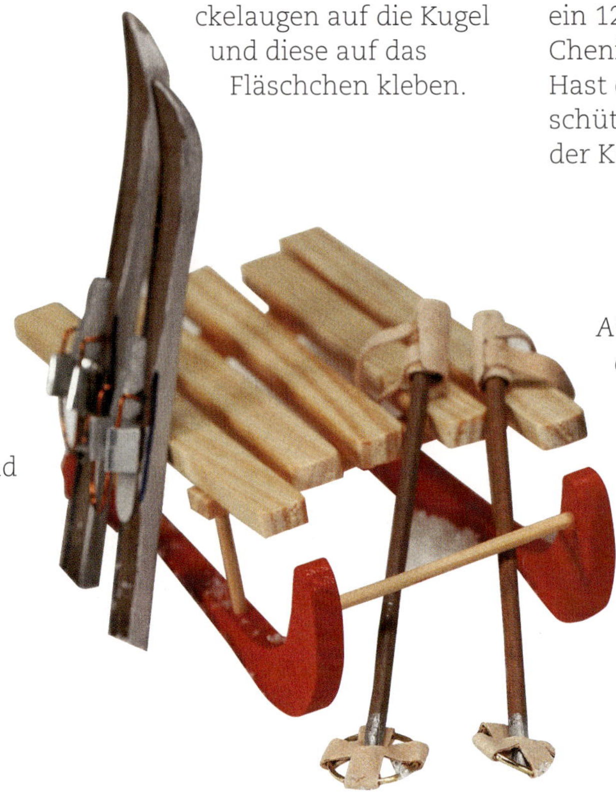

Tipp

Als Schal kannst du auch Rest eines Geschenkbandes oder einen schmalen Filzstreifen nehmen, den du an den Enden fransig einschneidest.

Puppenwagen für Mini-Püppchen

Gute Nachrichten für Eltern von kleinen Puppen und Kuscheltieren. Hier ist das Puppenwagenmodell »Mini-Mama« zum Selbermachen mit supereinfacher Aufbauanleitung.

Du brauchst

- 2 Obstschalen aus Pappe
- Krepppapier in Hellblau, Dunkelblau und Gelb
- Chenilledraht (Pfeifenputzer) in Blau
- Pappe
- Tapetenkleister
- Kreppklebeband
- Seitenschneider
- Watte
- Schere
- Klebstoff
- Bleistift
- Zirkel
- Lineal

So wird's gemacht

Schneide von einer Obstschale ein Stück ab und setze es mit der Öffnung nach unten auf die andere Pappschale. Befestige die zusammengesetzten Teile an mehreren Stellen mit Kreppklebeband.

Schneide hellblaues Krepppapier in quadratische Stücke, bestreiche es mit Tapetenkleister und beklebe damit den Puppenwagen innen und außen.

Für die Räder schneidest du aus Pappe vier Kreise mit einem Durchmesser von 5 cm zu. Schneide dunkelblaues Krepppapier in quadratische Stücke, bestreiche diese mit Tapetenkleister und beklebe damit die Räder. Sobald alles getrocknet ist, klebst du Räder und Chenilledrahtgriff an die Wagenform.

Für die Wagengarnitur schneidest du ein Stück gelbes Krepppapier in den Größen 15 mal 11 cm und 13 mal 9 cm zu. Falte die jeweils längere Papierseite in der Mitte. Fülle etwas Watte zwischen die Papierhälften und drehe die Papieraußenkanten nach innen, bis Kissen und Decke die gewünschte Form haben.

Knüllen und Kleistern

Blauer Bilderrahmen

Kleine Kunstwerke kommen jetzt ganz groß raus – mit selbst gebastelten Bilderrahmen in leuchtenden Farben.

Du brauchst

- ✘ Imbisspappe
- ✘ Bastelfarbe
- ✘ Pinsel
- ✘ Krepppapier, farblich passend zum Bild
- ✘ Seidenpapier, farblich passend zum Bild
- ✘ Schere
- ✘ Lineal
- ✘ Bleistift
- ✘ Klebstoff
- ✘ Bilderöse

So wird's gemacht

Bemale eine Imbisspappe mit Bastelfarbe. Sobald die Farbe getrocknet ist, schneidest du in der Mitte ein Rechteck heraus.

Schneide Krepppapier in quadratische Stücke und knülle es zu kleinen Papierkugeln. Diese klebst du möglichst dicht aneinander um den Rand des Rechtecks.

Schneide nun das Seidenpapier in quadratische Stücke, knülle es nur leicht und klebe es um das Krepppapier-Rechteck.

Zum Schluss befestigst du auf der Rückseite noch die Bilderöse.

Laternenbär

Vorlagen Seite 157

Siehst du, wie die Augen des Bärchens leuchten? Es freut sich, dass es dieses Jahr mit zum Laternenumzug darf.

Du brauchst

- Luftballon
- Drachenpapier in Weiß
- Strohseidenpapier in Hellbraun
- Tapetenkleister
- Krepppapier in Braun, Hellbraun, Orange und Schwarz
- Schere
- Klebstoff
- Transparentpapier
- Bleistift
- Laternenbügel
- Schleifenband, rot kariert

So wird's gemacht

Reiße oder schneide Drachen- und Strohseidenpapier in kleine Stücke. Kleistere die Stücke ein und klebe sie anschließend um den aufgepusteten Luftballon, zuerst mehrere Lagen Drachenpapier und dann eine Lage Strohseidenpapier. Lasse die eingekleisterte Form trocknen.

Übertrage die Bärenkopfvorlage auf die Luftballonform. Schneide das Krepppapier in quadratische Stücke und knülle es zu kleinen Kugeln. Klebe die Papierkügelchen möglichst dicht aneinander in die vorgezeichnete Form.

Entferne den Luftballon und schneide den oberen Rand der Form gerade. Steche rechts und links ein Loch in die Laterne und befestige den Laternenbügel. Zum Schluss klebst du noch die Schleife an.

Oskar, das Gespenst

Vorlagen Seite 156

Oskars Lieblingsbeschäftigung ist – wie könnte es anders sein – Leute-Erschrecken. Aber ich meine, Oskar lacht sich dabei ins Fäustchen. Trotzdem: Starke Nerven und Mut können beim Gespensterbasteln nicht schaden. Wie von Geisterhand wird sich Oskar knisternd vom Untergrund abheben, auf den du ihn geklebt hast. Aber keine Angst, es geht alles mit rechten Dingen zu.

Du brauchst

- Prospekthülle
- 1 DIN-A4-Blatt farbiges Papier
- Buntstift
- Seidenpapier in Weiß
- Tapetenkleister
- Schere
- Transparentpapier
- Bleistift

So wird's gemacht

Übertrage die Vorlage auf das farbige Papier und stecke dieses in die Prospekthülle.

Schneide oder reiße Seidenpapier in kleine Stücke. Streiche Tapetenkleister auf die Prospekthülle. Lege die Gespensterform mit den Seidenpapierschnipseln aus. Augen und Mund lässt du frei.

Klebe das Gespenstergewand mit möglichst wenig Tapetenkleister in mehreren Lagen auf.

Papierstücke, die über die Umrisslinien hinausgehen, schiebst du mit dem Finger zurück. Dann lässt du das Gespenst trocknen.

Sobald das Gespenst getrocknet ist, löst es sich vollständig von der Folie ab.

Kleistereier

Für die fröhlich-bunten Ostereier brauchst du weder Farbe noch Pinsel. Sie kommen direkt aus der Papierbastelstube, wo sie in Windeseile fürs Osterfest hergestellt wurden.

Du brauchst

- Ausgeblasene Eier
- Transparentpapier in Gelb und verschiedenen Farben
- Tapetenkleister
- Schere

So wird's gemacht

Schneide das gelbe Transparentpapier in quadratische Stücke, kleistere diese ein und klebe sie anschließend um die Eier. Schneide nun Transparentpapier in verschiedenen Farben in kleine quadratische Stücke oder in dünne Streifen und verziere die gelben Eier damit. Die Eier trocknen lassen .

Familie Kükenkönig

Vorlagen Seite 157

Gar nicht weit von hier, vielleicht 163 Schritte von deiner Wohnung entfernt, liegt das Königreich Kükenland. Dort regiert der stolze Kükenkönig mit seiner wunderschönen Frau, der Kükenkönigin.

Du brauchst

- Tonkarton in Gelb und Orange
- Seidenpapier in verschiedenen Farben
- Flauschfedern in Gelb
- Chenilledraht (Pfeifenputzer) in Orange (9 mm dick für König und Königin; 6 mm dick für Königskind)
- Seitenschneider
- Wackelaugen, 10 mm Ø (für König und Königin) und 5 mm (für Königskind)
- Schere
- Klebestift
- Transparentpapier
- Bleistift

So wird's gemacht

Für das ovale Ei und den Schnabel zeichnest du dir die Formen auf Tonkarton. Das Kükenkind ist etwa 10 cm, die Eltern etwa 14 cm hoch. Die Form der Krone und des Schnabels findest du als Vorlage in Originalgröße am Endes des Buches. Schneide alle Teile aus. Knicke den Schnabel in der Mitte. Klebe die Krone und den Schnabel auf das Ei, natürlich auch die Wackelaugen.

Schneide das Seidenpapier in quadratische Stücke, knülle es nur leicht und klebe es als Federkleid auf.

Knicke für die Kükenbeine ein 18 cm (Kind: 12 cm) langes Chenilledrahtstück in der Mitte. Schneide noch zwei 5 cm (Kind: 3 cm) lange Chenilledrahtstücke zu. Biege um jedes Kükenbein eines dieser Stücke im Abstand von 2 cm (Kind: 1 cm) zum Drahtende.

Zum Schluss klebst du auf der Rückseite zwei Federn als Flügel fest.

Schildkröten

Drei kleine Schildkröten sind auf Entdeckungsreise, ganz ohne Gepäck. Und in der Eile haben sie sogar den Proviant vergessen. Zum Glück haben sie gerade diese herrlichen Salatblätter entdeckt.

Du brauchst

- Obstpalette aus Pappe
- Krepppapier in Grün und Braun
- Schere
- Klebstoff
- Chenilledraht (Pfeifenputzer) in Hellgrün und Rot
- Seitenschneider
- Wackelaugen, 10 mm ∅
- Bleistift

So wird's gemacht

Schneide aus der Obstpalette so viele runde Einzelteile heraus, wie du Schildkröten anfertigen möchtest. Zeichne beliebige Rückenmuster auf.

Schneide das Krepppapier in quadratische Stücke und knülle daraus kleine Papierkugeln. Die braunen Kügelchen klebst du dann ganz dicht aneinander in die aufgezeichneten Umrisse, mit den grünen füllst du den Rest des Rückens aus.

Für Beine und Schwanz biegst du Chenilledrahtstücke auf die Hälfte zusammen und klebst sie dann an die Unterseite der Pappform. Für den Kopf knickst du den Chenilledraht in der Mitte und rollst ihn ovalschneckenförmig auf. Anschließend klebst du ihn auf der Unterseite der Pappform fest.

Als Schildkrötenmaul steckst du ein kleines Chenilledrahtstück auf.

Die Wackelaugen befestigst du jeweils rechts und links am Kopf.

Tierisch bunte Bilder

Vorlagen Seite 158 und 159

Was ist heute angesagt: eine tierische Reise mit Besuch im Zoo? Mit etwas Fantasie und bunten Papierkugeln wird alles möglich. Und alles ganz leicht zu machen, weil es sogar Umrissvorlagen der Tiere gibt.

Du brauchst

- Tonkarton
- Krepppapier
- Schere
- Klebstoff
- Transparentpapier
- Bleistift

So wird's gemacht

Male auf Tonkarton ein eigenes Motiv oder nimm dir

welche von den Vorlagen. Schneide Krepppapier in den von dir ausgewählten Farben in quadratische Stücke und knülle es zu kleinen Kugeln. Diese klebst du dann dicht aneinander auf das Motiv.

So schnell hast du originelle Bilder, die man auch in einen Rahmen stellen kann

Geschenkverpackung

Vorlagen Seite 158

Geschenke bekommt jeder gern. Und die Freude ist noch größer, wenn das Geschenk in einer hübschen Verpackung steckt. Die Katzenschachtel wird nicht nur Katzenfans gefallen.

Du brauchst

- Kinderschuhkarton
- einfarbiges Geschenkpapier
- Tapetenkleister
- Krepppapier in Schwarz, Weiß, Grün und Rot
- Schere
- Klebstoff
- Transparentpapier
- Bleistift

So wird's gemacht

Reiße oder schneide das Geschenkpapier in kleine Stücke und bestreiche es mit Tapetenkleister. Beklebe damit rundherum Karton und Deckel und lasse die Schachtel trocknen.

Schneide Krepppapier in quadratische Stücke und knülle es zu kleinen Kugeln. Übertrage das Katzenmuster vom Vorlagenbogen auf den Deckel. Klebe die Papierkügelchen dicht aneinander auf das vorgezeichnete Motiv.

Für die Schnurrhaare rollst du drei weiße Krepppapierstücke auf und befestigst sie an der vorgesehenen Stelle. Zuletzt klebst du noch die Nase auf.

Obstschale

Vorlagen Seite 156

Schöne Obstschalen eignen sich nicht nur als Behälter für Weintrauben, Äpfel und Kirschen, sondern auch andere »Insassen« sehen recht knackig darin aus.

Du brauchst

- Salatschüssel
- Haushaltsfolie
- Zeitungspapier
- Tapetenkleister
- Maulbeerbaumpapier
- Schere
- Krepppapier
- Klebstoff
- Transparentpapier
- Bleistift
- evtl. Eierkarton
- evtl. Kreppklebeband

So wird's gemacht

Umkleide eine Salatschüssel mit Haushaltsfolie. Reiße oder schneide Zeitungspapier in kleine Stücke, kleistere diese ein und klebe um die Salatschüssel mehrere Lagen davon.

Wenn deine Schale Füße bekommen soll, schneidest du Teilstücke aus Eierkarton und befestigst diese mit Kreppklebeband.

An den Verbindungsstellen bringst du eingekleisterte Zeitungspapierstücke an.
Jetzt kannst du die getrocknete Form von der Schüssel abheben und den oberen Rand gerade schneiden.

Reiße Maulbeerbaumpapier in kleine Stücke, kleistere sie ein und beklebe damit deine Schale innen und außen. Lasse die Schale trocknen.

Inzwischen schneidest du das Krepppapier in quadratische

Stücke und knüllst daraus kleine Kugeln. Übertrage das gewünschte Fruchtmuster vom Vorlagenbogen auf die Schale und klebe die Papierkugeln dicht an dicht mit Klebstoff auf.

Sonnenschirm-Wichtel

Sonnenschirm-Wichtel leben normalerweise in Ländern, wo jeden Tag die Sonne scheint. »Das ist auf die Dauer ziemlich eintönig«, fanden einige und haben ihre Koffer gepackt. "Wir möchten auch einmal dort wohnen, wo es regnet, schneit und stürmt. Vielleicht bei dir?"

Du brauchst

- Zeitungspapier
- Tapetenkleister
- Maulbeerbaumpapier
- Chenilledraht (Pfeifenputzer)
- Seitenschneider
- Wackelaugen, 5 mm Ø
- Wattekugeln, 10 mm Ø
- Watte
- Wolle
- Klebstoff
- Eisschirmchen

So wird's gemacht

Zerreiße einen Zeitungsbogen in zwei Teile. Knülle eine Seite kugelförmig. Die andere Zeitungsseite faltest du viermal quer zu einem Streifen.

Kleistere den Papierstreifen ein, lege die Papierkugel mittig darauf, falte den Papierstreifen über die Papierkugel und knicke ein Streifenende an beiden Seiten zu einer Spitze nach hinten um.

Zerreiße weitere Zeitungsseiten in kleine Streifen, kleistere sie ein und klebe sie in mehreren Lagen um die Wichtelform.
Knete die Form so lange zurecht, bis sie kegelförmig aussieht. Drehe den oberen Zipfel spitz zusammen.
Damit dein Wichtel später gut steht, drückst du unten die Standfläche flach. Wenn du mit der Form zufrieden bist, stellst du sie zum Trocknen beiseite.

Reiße Maulbeerbaumpapier in kleine Stücke, kleistere diese ein und beklebe damit Wichtelkörper und Zipfelmütze.

Lasse den Wichtel trocknen.

Klebe als Nächstes Wackelaugen, Wattekugelnase und Wattebart auf.

Verteile dann ein paar Wollhaare um den Mützenrand. Schneide ein passendes Stück Chenilledraht zu und klebe es auf den Haaransatz.
Nun machst du dich an die Arme und Hände des Wichtels.

Dafür knickst du ein Stück Chenilledraht in der Mitte und drehst eine Hälfte in sich zusammen. Klebe die Arme an und stecke deinem Wichtel noch ein aufgespanntes Schirmchen in die Hand.

Sparschwein Fritzi

Wenn du Schwein Fritzi regelmäßig fütterst, belohnt es dich nicht etwa mit einem fetten Schinken, sondern mit vielen wertvollen "Innereien" aus Kupfer, Messing und Silber und manchmal auch mit Papier..

Du brauchst

- Luftballon
- Zeitungspapier
- Tapetenkleister
- Eierkarton
- Kreppklebeband
- Maulbeerbaumpapier in Weiß und Schwarz
- Wackelaugen, 20 mm Ø
- Klebstoff
- Chenilledraht (Pfeifenputzer) in Schwarz und Rot
- Seitenschneider
- Schere

So wird's gemacht

Klebe um einen aufgepusteten Luftballon Zeitungspapierstücke, die du zuvor eingekleistert hast. Du musst mehrere Lagen kleben. Lasse die Form trocknen. Entferne dann den Luftballon und verschließe die Öffnung der Form mit einem Stück eingekleisterter Zeitung.

Betrachte den Luftballon. Er ist oben rund und unten spitz. Die runde Seite wird das Gesicht des Schweins.

Schneide als Nächstes Teilstücke aus dem Eierkarton für Nase, Beine und Ohren. Das Teilstück für die Ohren halbierst du. Befestige alle Teile mit Kreppklebeband auf dem Luftballon.

Nun beklebst du mit einer weiteren Lage Zeitungspapier Körper, Ohren, Nase und Beine des Schweins. Zuletzt kommt noch eine Lage aus gerissenem Maulbeerbaumpapier in Weiß darüber. Das Ganze trocknen lassen.

Verziere das Schwein mit unregelmäßigen Flecken aus gerissenem schwarzem Maulbeerbaumpapier.

Verwende nur wenig Kleister oder nimm Klebstoff. Klebe die Wackelaugen an.

Zuletzt fügst du Mund, Nasenpunkte und Schwänzchen aus Chenilledraht an. Vergiss nicht, oben im Rücken des Schweins einen Schlitz einzuschneiden.

Tipp

Wenn du die spitz zulaufende Unterseite des Luftballons als Gesicht nimmst, erhältst du eine gefräßige Sparmaus.

Frecher Gockel
Seite 125

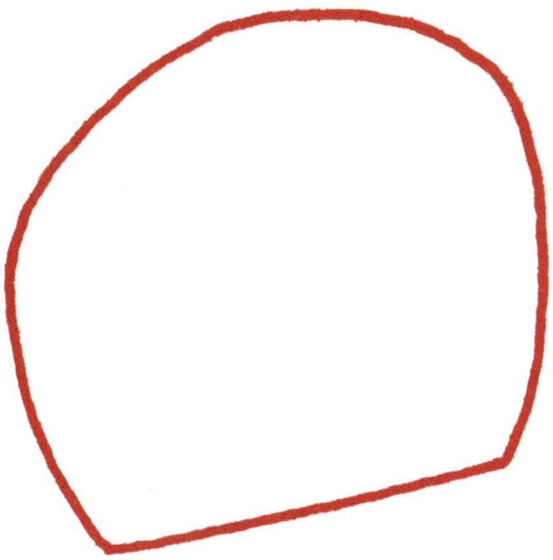

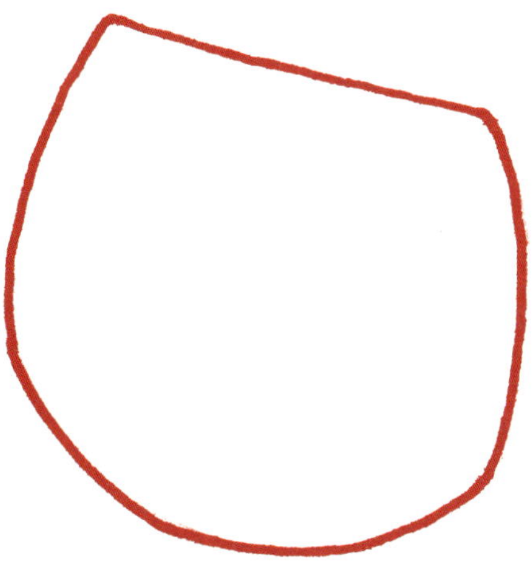

Elefanten-Konzert
Seite 124

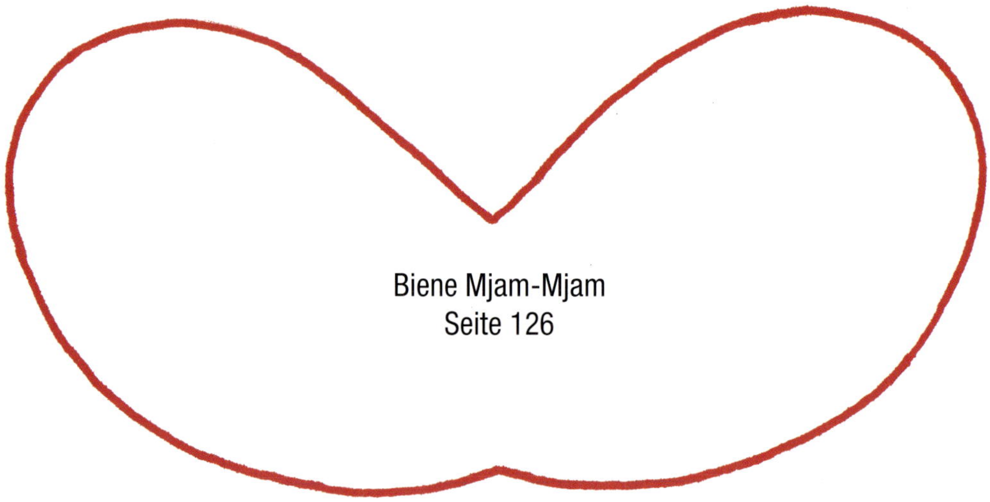

Biene Mjam-Mjam
Seite 126

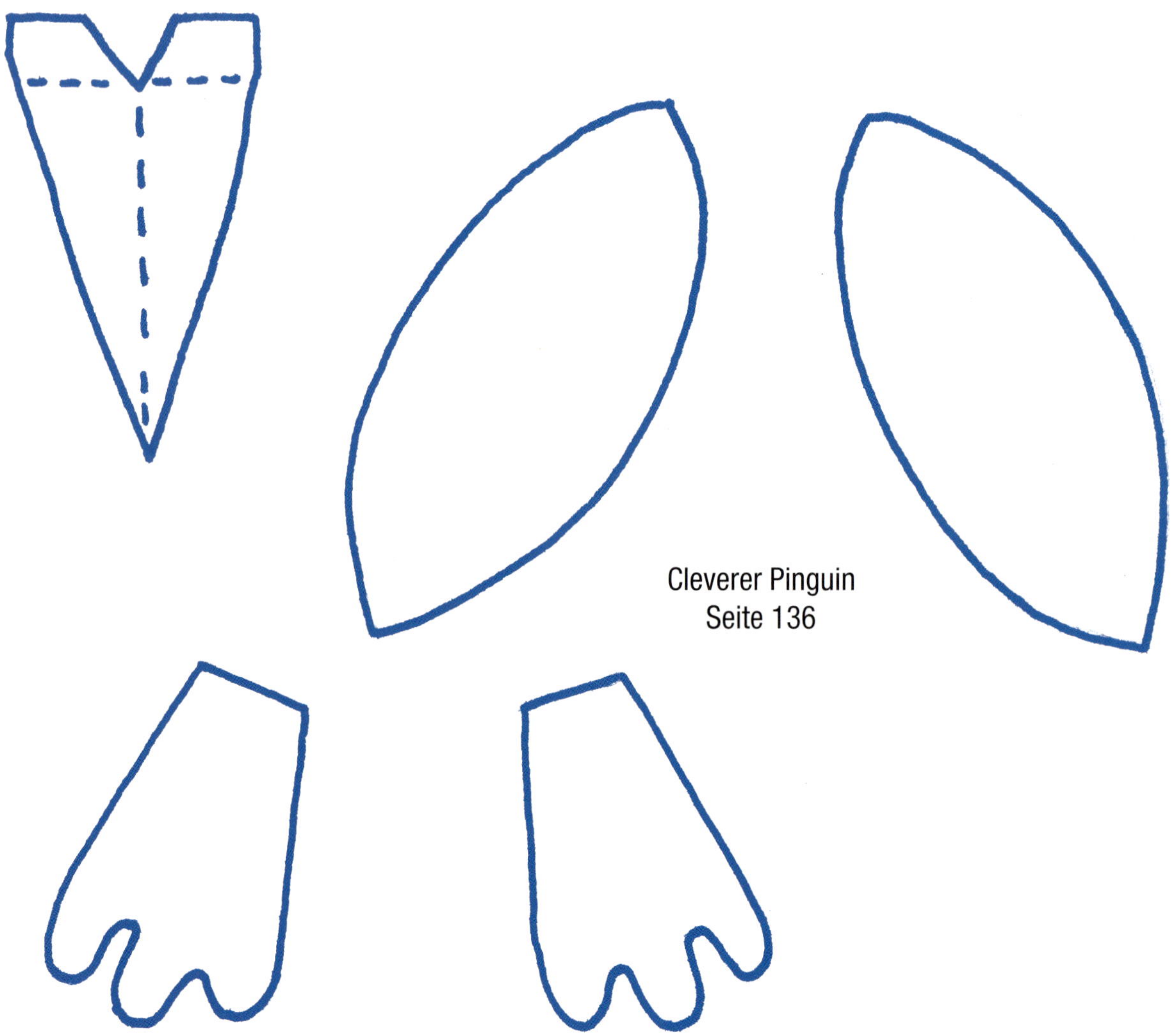

Cleverer Pinguin
Seite 136

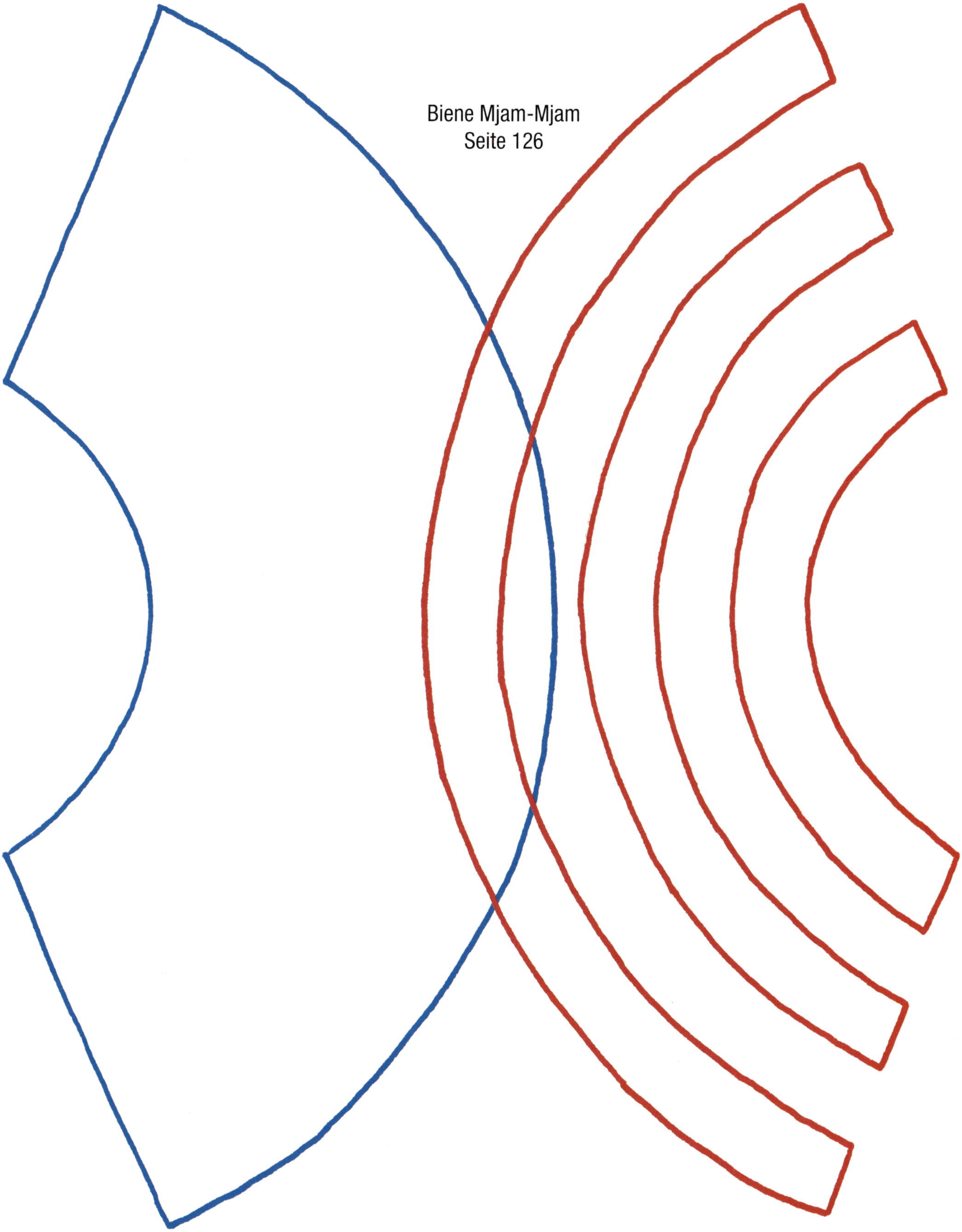

Biene Mjam-Mjam
Seite 126

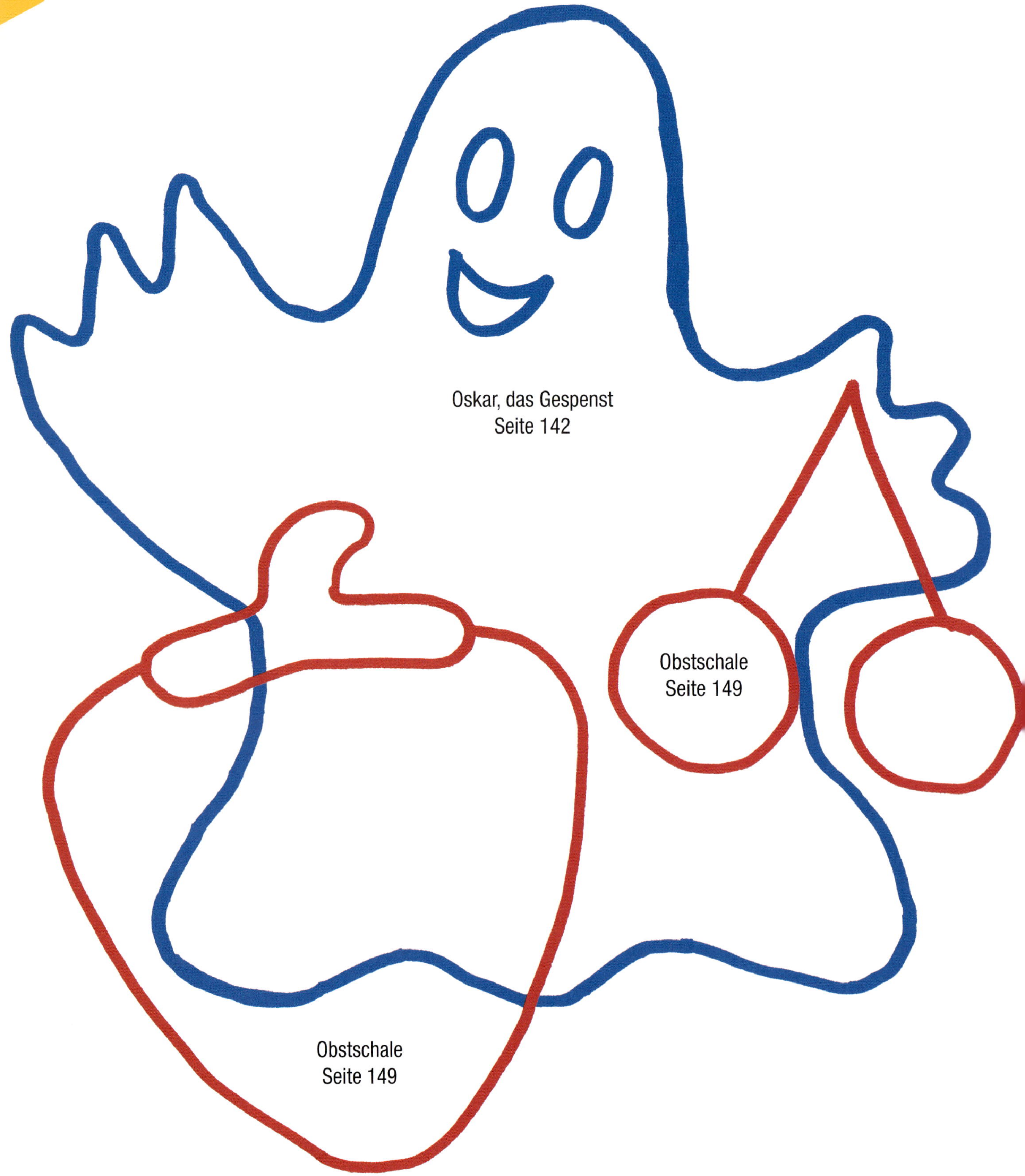
Oskar, das Gespenst
Seite 142
Obstschale
Seite 149
Obstschale
Seite 149

Laternenbär
Seite 141

Familie Kükenkönig
Seite 144

Geschenkverpackung
Seite 148

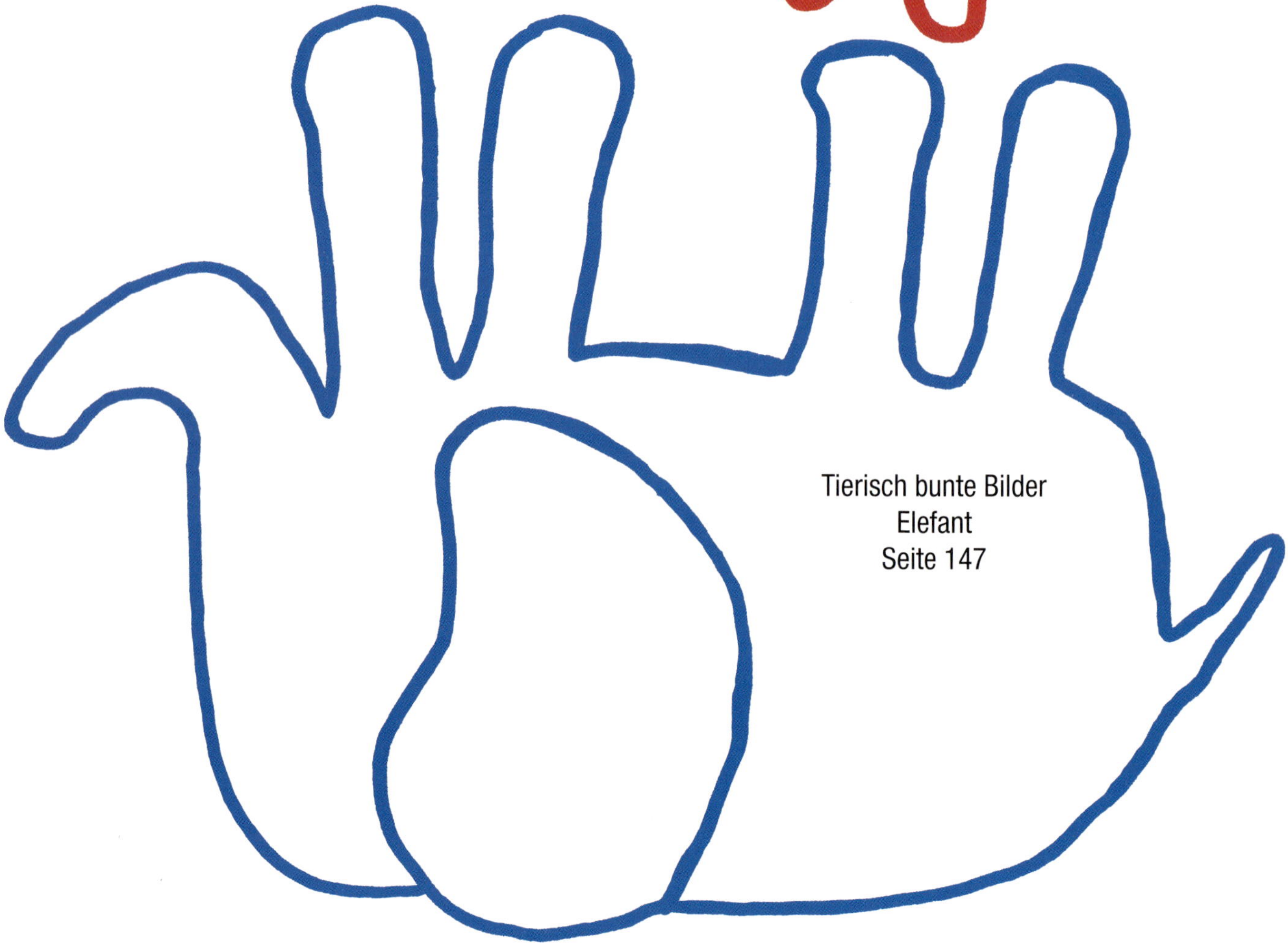
Tierisch bunte Bilder
Elefant
Seite 147

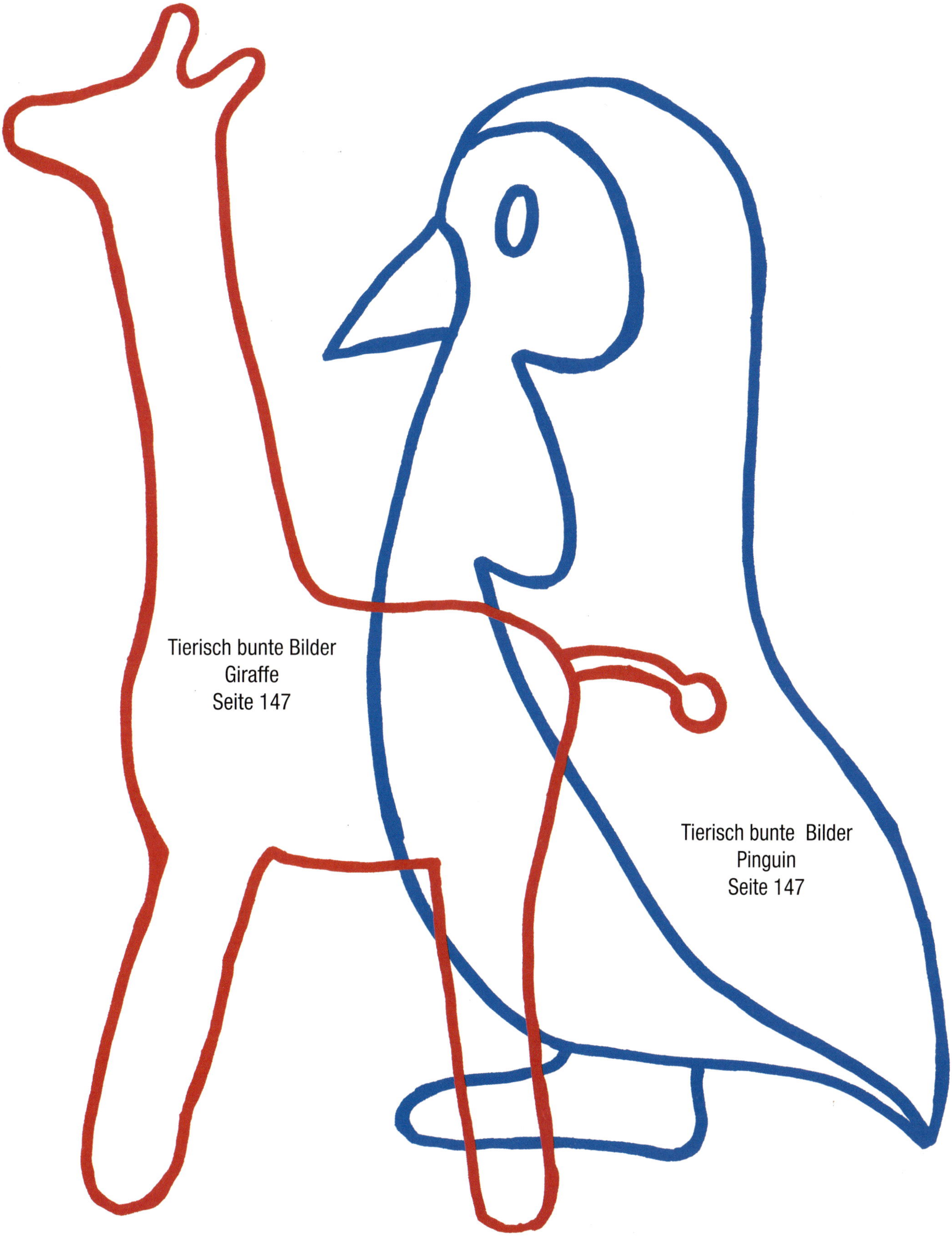
Tierisch bunte Bilder
Giraffe
Seite 147
Tierisch bunte Bilder
Pinguin
Seite 147

Bibliografische Information: Deutsche Nationalbibliothek
Die Deutsche Nationalbibliothek verzeichnet diese Publikation in der Deutschen Nationalbibliografie; detaillierte bibliografische Daten sind im Internet über http://dnb.d-nb.de abrufbar.

Herzlichen Dank
- an alle, die zum guten Gelingen dieses Buches beigetragen haben;
- an meine Tochter Yvonne, ohne die dieses Buch nie entstanden wäre, und auch dafür, dass sie mir viele Stücke aus ihrer Sammlung zur Verfügung gestellt hat:
- an meinen Mann für die schönen Fotos;
- an alle, die mir Werke aus ihren Sammlungen zur Verfügung gestellt haben;
- an alle Kinder, die bei den Fotoaufnahmen mitgewirkt haben und/oder gemalt und gebastelt haben: Bettina und Katrin Falkenthal, Kathrin Roth, Elisabeth Schaaf, Hans-Christian und Cerstin Heise sowie Patrick Rippel;
- an alle Firmen, die mich auf vielfältige Art unterstützt haben:
  Eberhard Faber GmbH, Neumarkt
  A. W. Faber-Castell, Stein bei Nürnberg
  C. Kreul GmbH & Co., Hallerndorf
  Rayher Hobby GmbH, Laupheim
  Sinotex Textilhandel GmbH, Weil am Rhein
  Hans Stockmar GmbH & Co. KG, Kaltenkirchen
  UHU GmbH & Co. KG, Bühl

Fotografie: Kalk Fotodesign, Soltau
Lektorat: Sabine Fels, Renningen; Susanne Gugeler, Mering und Manfred Braun
Umschlag: ZERO Werbeagentur, München
Herstellung: Elke Martin
Layout: Anton Walter, Gundelfingen und Elke Martin

Satz: gesetzt aus 10 Punkt Caecilia Light
Reproduktion: Repro Ludwig, A-Zell am See
Druck und Bindung: Firmengruppe APPL, aprinta druck, Wemding

Gedruckt auf 115 g umweltfreundlich chlorfrei gebleichtem Papier.

Printed in Germany

ISBN 978-3-426-66734-7

8 7 6 5 4

Bitte besuchen Sie uns im Internet: www.knaur-ratgeber.de

Weitere Titel aus dem Bereich Kreativ finden Sie unter: www.knaur-kreativ.de